귀봉종가,
의리를 지키고 도리를 받들다,

안동 운천 김용 종가

기획 경상북도 · 경북대학교 영남문화연구원 | **지은이** 김미영

경북의 종가문화 연구진

연구책임자	정우락(경북대 국어국문학과)
공동연구원	황위주(경북대 한문학과)
	이세동(경북대 중어중문학과)
종가선정위원장	황위주(경북대 한문학과)
종가선정위원	이수환(영남대 역사학과)
	홍원식(계명대 철학과)
	배영동(안동대 문화유산학과)
	조재모(경북대 건축학과)
	이치억(공주대 윤리교육과)
종가연구팀	김소연(영남문화연구원 연구원)
	정보선(영남문화연구원 연구원)
	김위경(영남문화연구원 연구원)
	김종구(영남문화연구원 연구원)

축 · 간 · 사

경상북도에서 『**경북의 종가문화**』 **시리즈** 발간사업을 시작한 지 벌써 15년째가 되었습니다. 본 사업은 더 늦기 전에 지역의 종가문화를 기록으로 남겨 후세에 전해야 한다는 절박함에서 비롯되었고, 그간 많은 분들의 노고에 힘입어 어느새 76권의 책자가 발간되는 데 이르렀습니다. 이러한 결실은 우리 지역의 문화자산으로 자리 잡아 가고 있어, 경북 도민의 한 사람으로서 무척 보람되게 생각합니다.

경북은 예로부터 수많은 명현거유名賢巨儒가 배출되었고, 그분들이 이룩한 전통문화가 집적되어 온 중심입니다. 특히 이러한 전통문화의 중심에는 바로 경북의 종가宗家가 있습니다. 종가는 수백 년에 걸쳐 지역 사회의 구심점이자 전통문화의 상징으로 자리 잡아 그 역할을 묵묵히 수행해 왔습니다. 우리 도는 많은 수의 종가가 고유의 문화를 오늘날까지 지켜 오고 있기에, 우리나라 종가문화의 보고寶庫라고 해도 과언이 아닙니다.

하지만 최근 급변하는 사회와 종손·종부의 고령화 등으로 인해 종가문화가 점차 훼손·소멸되고 있는 실정입니다. 이에 경상북도에서는 종가문화를 보존·활용하는 한편, 발전적으로 계승하기 위해 2009년부터 **'종가문화 명품화 사업'**을 추진해 오고 있습니다. 체계적인 학술조사 및 연구를 통해 관련 인프라를 구축하고, 명품 브랜드화하는 등 향후 발전 가능성을 모색하기 위해 다방면으로 노력하고 있습니다.

경북대학교 영남문화연구원을 통해 2010년부터 추진하고 있는 『경북의 종가문화』 시리즈 발간도 이러한 사업의 일환입니다. 도내 종가를 대상으로 현재까지 『경북의 종가문화』 시리즈 76권을 발간하게 되었으며, 결과물은 관계 문중은 물론 일반인들로부터도 큰 호응을 얻고 있습니다. 이들 시리즈는 종가의 입지 조건과 형성 과정, 역사, 종가의 의례 및 생활문화, 건축문화, 종손과 종부의 일상과 가풍의 전승 등을 토대로 하여 일반인들이 쉽고 재미있게 읽을 수 있는 교양서 형태의 책자 및 영상물(USB)로 제작되었습니다. 철저한 현장조사를 바탕으로 관련 분야 전문가들이 집필함으로써 알차게 내용을 꾸미는 한편, 개별 종가의 특징을 부각시키고자 노력하였습니다.

이러한 노력으로, 금년에는 『**대구 대암 박성 종가**』, 『**안동 운천 김용 종가**』, 『**상주 이재 조우인 종가**』, 『**성주 등암 배상룡 종가**』 등 4곳의 종가를 대상으로 시리즈 4권을 발간하게 되었습니다. 이 시리즈의 발간은 계속되어 도내 100개 종가를 목표로 연차적으로 추진해 나갈 계획입니다. 이러한 시도는 종가 관련 자료의 축적을 통해 종가문화 보존 및 활용을 위한 기초자료를 제공함은 물론, 일반인들에게 우리 전통문화의 소중함과 우수성을 알리는 데 크게 도움이 될 것입니다.

최근 유교적 가치와 문화에 대한 재조명이 활발히 이루어지고 있습니다. 그 바탕에는 오늘날까지 전통문화를 올곧이 지켜 온 종문宗門의 숨은 저력이 있었음을 기억하며, 우리 도에 내재한 전통문화를 계승해 나가야 할 것입니다. 이를 통해 경북의 정체성 확립은 물론, 미래지향적인 새로운 정신을 찾아 세계적 정신문화로의 발전으로까지 이어질 수 있을 것이라 확신합니다.

앞으로 경상북도에서는 현재 잊혀져 가는 종가문화에 대한 국가차원의 컨트롤 타워 건립을 위해 힘쓸 것입니다. 아울러 종가문화에 대한 지속적인 조사·연구 추진과 더불어, 종가의 보존관리 및 활용방안을 모색하는 데 적극 노력해 나갈 것을 약속드립니다. 이를 통해 전통문화를 소중히 지켜 오신 종손·종부님들의 자긍심을 고취시키고, 나아가 전국의 종가를 연계하는 종가문화 네트워크 구축과 더불어 종가문화를 세계적인 명품브랜드로 육성해 나갈 계획입니다.

끝으로 이 사업을 위해 애쓰신 정병호 경북대학교 영남문화연구원장님과 연구 책임자이신 정우락 교수님을 비롯한 연구원 여러분, 그리고 집필자분들의 노고에 진심으로 감사드립니다. 아울러, 각별한 관심을 갖고 적극적으로 협조해 주신 종손·종부님께도 감사의 말씀을 드립니다.

2024년 3월

경상북도지사 이 철 우

지·은·이·의 말

운천종가는 귀봉종가라고도 하는데, 이들의 혈통적 뿌리는 청계靑溪 김진金璡(1500-1580)을 중흥조로 삼고 있는 청계종가에 두고 있다. 즉 청계의 다섯 아들 중에서 차남이 귀봉龜峰 김수일金守一(1528-1583)이고, 그의 장남이 운천雲川 김용金涌(1557-1620)이다. 청계는 슬하에 장남 약봉 김극일·차남 귀봉 김수일·3남 운암 김명일·4남 학봉 김성일·5남 남악 김복일을 두었다. 훗날 5형제를 중심으로 각각 분파分派를 하면서 파별로 문중이 결성되는데, 이는 곧 약봉공파·귀봉공파·운암공파·학봉공파·남악공파이다. 이로써 5형제는 아버지의 청계공파에 속하면서 동시에 자신들이 형성한 파문중派門中의 시조가 되었으며, 또 각자의 호號를 차용한 종가를 창출했다.

그런데 장남인 약봉 김극일은 불천위로 추대된 아버지 청계 김진의 '종가(집)'를 계승한 까닭에 '청계종가'라는 명칭을 그대로 이어받았고, 또 그 자신이 불천위가 아니었기에 그 종가가 약봉종가로는 불리지 않았다. 반면 귀봉종가의 경우 운천 김용이 불천위로 추대됨에 따라

'운천종가'라는 명칭이 생겨났는데, 다만 귀봉 김수일이 불천위는 아니었으나 김용의 아버지인 관계로 '귀봉종가'로도 칭해지고 있다. 아울러 운천 김용의 세대에서는 분파가 이루어지지 않았기 때문에 운천공파라는 파문중은 형성되지 않았는데, 이런 배경에서 불천위와 상관없이 '귀봉공파'와 '귀봉종가'라는 명칭이 통용되고 있다.

운천종가가 자리한 내앞[川前] 마을은 5백 년 역사를 자랑하는 의성김씨 세거지로, 건너편에는 내앞마을을 대표하는 백운정白雲亭이 있다. 그런데 백운정이 운천종가와 깊은 관련이 있다는 사실을 아는 사람은 드물다. 백운정에는 아버지 김수일과 아들 김용의 애틋한 사친思親의 스토리가 깃들어 있다.

귀봉은 혼인 후 처가 터전인 일직 귀미리에서 신접살림을 차렸다. 그러다가 1567년 40세 때 아버지의 부름을 받아 내앞마을로 돌아와서 벼슬길에 나가 있는 맏형 대신에 집안일을 돌보게 된다. 하지만 기거할 곳이 마땅하지 않아 조부(김예범)가 만년에 기거했던 한송정寒松亭에 머물고 있었다. 그러던 중 아버지 청계가 마을 건너편 기슭에 자신이 세웠던 부암서당傅巖書堂 터를 귀봉에게 주었고, 귀봉은 1568년에 그 터에 백운정을 지어 거처로 삼았다. 귀봉은 개인적으로 불운한 삶을 보냈다. 1555년 28세 때 생원시에 합격하고 향시 장원을 하는 등 기대를 한 몸에 받다가, 1569년 9월 3일 두 아우 운암 김명일과 남악 김복일을 데리고 대과 응시를 위해 상경했다. 그런데 이듬해 3월에 아우 김명일의 지병이 악화되자 귀봉은 "객지에서 숨을 거두게 할 수는 없다. 내가 데리고 고향으로 내려갈 테니, 너(김복일)는 과거에 임해 어버이 은혜에 보답하도록 해라."라는 당부를 하고는 김명일을 가마에 태워 고향으로 향했다. 김명일은 용인 금량역에서 갑자기 숨을 거두었고 귀봉은 아우의 관을 이끌고 내앞마을로 돌아왔다. 당시 한양에 남아 있던 김복일은 과거에 당당히 급제했다. 이로써 형제 중에서 김수일만 대과 문턱을 넘지 못한 셈이다. 이때부터 귀봉은 대과의 꿈을 포기하고, 아버지를 모시며 집안일을 돌보고, 백운정에서 형제와 벗들과 학문을 논하면서 후학을 양성하고 시를 읊고 술잔을 기울이면서 세상 시름을 잊고 살았다.

운천 김용은 1590년 34세 때 문과 급제를 하고 내직과 외직 등의 벼슬을 두루 거쳤으며, 1617년 여주목사에 재직하던 중 장남 김시주가 지병으로 숨을 거두자 고향으로 돌아왔다. 당시 그는 초가집 한 칸 지을 경제적 여력조차 없었다. 중앙 요직을 비롯해 수많은 벼슬을 했으나 청렴하고 강직한 품성으로 재물을 모으는 데는 관심을 두지 않았기 때문이다. 그래서 거처를 정하지 못한 채 주로 백운정에서 지내다가 1620년에 숨을 거두었다. 운천은 「백운정 팔경白雲亭八景」을 비롯해 백운정에 관한 수많은 시를 남길 정도로 깊은 애정을 갖고 있었다.

사친당 푸른 강가 가로질러 누웠는데	思親堂枕碧河湄
송대 위에 핀 난초 백 척 높이 위태롭네	蘭逕松臺百尺危
지팡이 모시고 따르던 때 엊그제 같은데	陪杖從遊如昨日

위의 시는 운천이 지은 「백운정에서 아버지의 시에 삼가 차운하다[白雲亭敬次先韻]」라는 제목의 작품으로, 귀봉의 시 「강가 정자에서 문득 읊다[江亭偶吟]」를 차운한 것이다. 운천은 백운정을 '사친당思親堂' 즉 '어버이(조상)를 그리워하는 공간'이라고 했다. 그만큼 백운정에는 조부와 아버지, 숙부들의 삶과 정신이 깃들어 있음을 강조하는 표현이라 할 수 있다. 실제로 '백운白雲'은 당나라의 적인걸狄仁傑이 지은 "높은

산에 올라 흰 구름 바라보니, 그 아래 그리운 부모님이 계시네[登高山望白雲思親在其下]"라는 시구에서 따왔는데, 백운정 역시 그 마루에 오르면 내앞마을과 개호송 등이 내려다보인다. 이처럼 백운정은 비록 귀봉의 소유였지만, 내앞 의성김문의 역사와 정신이 서려 있는 역사·문화적 공간이라고 할 수 있다.

원고를 집필하면서 운천종가에 많은 신세를 졌다. 특히 종손과 종부를 비롯해 문중 관계자 여러분께 진심으로 감사드린다. 운천종가에서 보관해 온 귀중한 기록자료들, 현장에서 묵묵히 종가문화를 실천·계승해 온 종손과 종부, 종가문화의 보존을 위해 노력해 온 문중의 배려 덕분에 이 책이 세상으로 나올 수 있었다. 다시 한번 감사의 말씀을 전한다.

2024년 2월

김미영

안동 운천 김용 종가

목차

제1장

내앞 의성김씨와 운천 종가

1 내앞마을의 인문지리적 성격

의성김씨 운천종가는 안동시 임하면 천전리에 자리하고 있다. '내앞[川前]마을'로 불리는 이곳은 김만근金萬謹(1446-1500)이 임하현에 강력한 기반을 가진 해주오씨 오계동吳季童의 사위가 되어 입향한 이래 의성김씨 동성마을로서 위상을 높여 왔다. 마을 앞으로 반변천이 흐르고, 뒤쪽으로는 영양 일월산의 맥을 이은 대현산이 주변의 산줄기와 서로 이어져 마을을 감싸고 있는 전형적인 배산임수의 지형을 갖추고 있다. 풍수지리적으로는 '밝은 달빛 아래 비단을 걸쳐 놓은 듯'한 완사명월형浣沙明月形으로 『택리지』에서 풍산의 하회, 경주의 양동, 봉화의 유곡(닭실)과 더불어 삼남의 사대 길지로 꼽히고 있다. 조선 시대 내앞마을은 안동군 임현

내앞마을 전경(한국국학진흥원 제공)

내면에 속했으며, 1914년 행정구역 개편에 따라 지금의 천전2리인 반시동 일부를 병합해 천전리가 되었다. 내앞이라는 지명은 천전1리를 가리키며, 아랫마을·서녘·장구날(장고나루)·빗골(우곡)·구목골(운곡) 등의 자연마을로 구성되어 있다. 운천종가는 청계종가와 함께 아랫마을 중심부에 자리하고 있다.

안동 시내에서 청송·영덕 방면으로 34번 국도를 따라 12km 정도 가다 보면 개호송開湖松이 나타나는데, 내앞마을 입구에 해당하는 소나무숲이다. 개호송은 입향조 김만근이 마을 입구이자 수구水口인 서쪽의 부족함을 보완하기 위해 조성한 숲으로, 반변천이 휘돌아 나가면서 펼쳐 놓은 드넓은 자갈밭 가운데에 자리하고 있다. 그래서 평소에는 강이 한쪽 편으로만 흐르다가 홍수

개호송(한국국학진흥원 제공)

로 물이 불어날 때만 섬과 같은 형상이 되었으나, 지금은 임하댐의 보조댐 물에 에워싸여 항상 섬과 같은 모습을 하고 있다. 개호송은 내앞마을의 방풍림이자 대표적인 문화유산으로 인식되고 있다. 1605년에 대홍수로 일부가 유실된 것을 1615년에 운천雲川 김용金涌(1557–1620)이 주도적 역할을 하여 1천 그루의 소나무를 심으면서 복원을 추진했다. 이후 1697년 2월 의성김씨 문중 성원 99명을 중심으로 「개호금송완의문開湖禁松完議文」이라는 규약을 마련했는데 "이 솔숲이 없으면 내앞도 없다. 내앞은 우리 선조의 사당이 있는 곳이다. 따라서 가문의 흥망성쇠가 이 솔숲에 달려 있다. 조상을 존중하듯이 소나무를 보호하는 데도 정성을 다하라."라는 내용을 담고 있다. 개호송은 강 건너편의 백운정과 더불어 대한민국 명승으로 지정되어 있다. 백운정은 귀봉龜峯 김수일金守一(1528-1583)이 지은 정자이다. 낙동강 제1지류인 반변천을 따라 병풍처럼 둘러쳐진 기암절벽이 모래사장과 어우러져 뛰어난 절경을 자랑했는데, 임하댐 건설로 인해 과거의 모습은 거의 사라져 버렸다.

개호송을 지나 국도변을 따라가면 내앞마을이라고 적힌 표지판이 보인다. 의성김씨 500년 역사를 말해 주듯, 내앞마을에는 고택을 비롯해 수많은 유교 문화유산이 산재해 있다. 그리고 청계靑溪 김진金璡(1500-1580), 운천雲川 김용金涌(1557-1620), 제산霽山 김성탁金聖鐸(1684-1747)을 각각 불천위로 모시는 종가가 3곳 있다. 마을 입구에 자리한 청계종택은 '큰종가'라고 불리며, 종택 건물은 김만근의 차남 김예범金禮範이 70칸 규모로 지었다가 임진왜란 때 소실된 것을 김진의 넷째 아들 학봉鶴峰 김성일金誠一(1538-1593)이 현재의 모습으로 완성했다. '적은종가(작은종가)'로 불리는 운천종택은 김수일의 혈통을 잇는 관계로 귀봉종가라고도 하며 청계종택의 동남쪽에 자리하고 있다. 김수일은 김진의 차남으로 한양조씨 처가 터전인 일직면 귀미리에 살았으나 40세 되던 해에 아버지의 부름을 받고 내앞마을로 돌아왔다. 김진은 당시 장남 약봉藥峰 김극일金克一(1522-1585)이 벼슬길에 나가 있었고, 다른 자식들은 아직 어리고 해서 김수일에게 집안일을 맡겼다고 한다. 지금의 운천종택은 김수일의 현손인 김학달金學達(1626-1658)이

사망하고 나서 그의 처 창녕조씨가 1660년에 건립한 것으로 전한다. 제산종택은 마을 동쪽 끝에 자리하며 김성탁의 살림집과 후학을 양성하던 우곡초당으로 구성되어 있다.

내앞마을은 안동 지역 독립운동의 발상지이기도 하다. 백하白下 김대락金大洛(1845-1914)과 일송一松 김동삼金東三(1878-1937)을 비롯한 독립운동 유공자를 다수 배출했으며 항일투쟁을 위해 만주로 망명한 의성김씨가 약 150명에 이른다. 이는 전국에서 최초의 집단 망명이었다고 한다. 이런 이유로 내앞마을에는 경상북도 독립운동기념관이 자리하고 있으며, 협동학교·백하구려·일송 김동삼 선생 생가터 등 독립운동과 관련된 문화유적들이 산재해 있다.

2 내앞 의성김씨의 입향과 운천종가

의성김씨의 시조는 김석金錫으로 신라 경순왕과 고려 태조 왕건의 장녀인 신란공주 사이에서 태어났다. 고려 광종 때 광평시랑을 지냈으며 의성 지역을 식읍으로 받아 의성군에 봉해지면서 의성을 본관으로 삼게 된 것으로 전해진다. 이후의 세계世系에 대해서는 기록이 남아 있지 않고, 다만 8세 김공우金公祐의 아들 9세 김용비金龍庇(?-?)에 이르러 약간의 행적을 찾을 수 있다. 이런 이유로 의성김씨는 김용비를 중시조로 삼고 있다.

김용비는 고려 때 금자광록대부 종1품의 작위를 받고 대자첨사의 벼슬을 역임했다. 의성 지역에 거주하면서 민란을 평정하는 등 큰 공적을 세워 지역민들의 추앙을 받았다. 이에 읍민들은 위기로부터 자신들을 구해 준 김용비를 위해 '진민사鎭民祠'라는 사당을 세우고 향사를 지냈다고 한다. 그는 슬하에 4명의 아들을 두었는데, 장남 김의金宜의 후손들은 의성·안동·봉화·청송 등에서 세거지를 이루었다. 차남 김굉金紘의 후손들은 경북 예천과 전남 장성·정읍 등에, 3남 김영金英의 후손들은 합천·고령·성주 등에, 4남 김세인金世軔의 후손들은 정읍·단양·영주 등에서 터전을 일구었다.

의성김씨 안동 입향조는 김의의 증손자인 김거두金居斗(1339-?)이다. 그는 김태권金台權의 장남으로, 고려 때 공조전서를 지내고 조선 초기 경주부사에 임명되어 『삼국사기』를 중간하고 발문을 썼다. 어머니는 안동김씨 김방경金方慶의 증손녀이고, 김거두는 안동권씨 권한공權漢功의 외손녀이자 문화류씨 대언代言 류총柳總의 딸과 혼인했다. 노년에 이르러 외가와 처외가의 인연을 따라 안동 풍산 우릉골(풍산읍 상리리)에 정착했다. 이후 그의 아들 김천金洊이 방적골(지금의 율세동)로 이거했다. 그는 조선 초기 진례도도만호進禮島都萬户를 지냈고, 이처겸李處謙의 딸 홍주이씨와 혼인해 김영수金永壽·김영명金永命 두 아들을 두었다.

차남 김영명은 사마시에 합격했고, 그의 장남 휴계休溪 김한계金漢啓(1414-1461)가 1438년에 문과 급제를 하면서 다시 중앙으로 진출한다. 김한계는 춘추관기주관으로 있으면서 『고려사절요』와 『세종실록』 편찬에 참여했으며, 글씨에 뛰어난 재능을 발휘한 것으로 전한다. 그런데 세조의 왕위 찬탈 때 현덕왕후의 친인척(부친 김영명이 단종의 이모부)으로 지목되어 안동으로 다시 내려오게 된다.

김한계는 아들 3형제를 두었는데, 장남 김만근이 임하현 대지주였던 해주오씨 오계동吳季童의 사위가 되면서 임하에 정착했다. 이를 계기로 천전(내앞)·신덕·임하·망천·추월·지례·국란·내급 등 임하현 일대에 의성김씨 동성마을이 다수 형성된다. 내앞을 비롯한 이들 마을을 '천상川上'이라고도 하는데, 반변천 주변이라는 뜻이다. 김만근의 차남 김예범은 청송 일대의 유력 가문인 영해신씨 신명창申命昌의 딸과 혼인함으로써 청송과 진보 방면으로 족적族的 기반을 확대해 갔다.

내앞 의성김씨의 중흥조로 추앙받고 있는 청계靑溪 김진金璡(1500-1580)은 김예범의 장남으로 태어났다. 진사시에 합격한 후 대과를 단념하고 고향에서 서당을 지어 후학 양성에 전념하면서, 탁월한 경영으로 강원도 강릉의 금광평과 영양 청기면 일대에 농경지를 개척하는 등 가문의 재정적 기반을 구축했다. 그는 민세경閔世卿의 딸 여흥민씨와의 사이에서 5남 3녀를 두었는데, 자녀 교육에도 각별한 노력을 기울였다. 아들 5형제 중 장남인 약봉藥峰 김극일金克一(1522-1585)과 넷째 학봉鶴峰 김성일金誠一(1538-1593), 다섯째 남악南嶽 김복일金復一(1541-1591)은 대과 급제를 하고, 차남인 귀봉 김수일과 셋째 운암雲巖 김명일金明一(1533-1569)은 소과에 합격한다. 그래서 이들 5형제를 천전오룡川前五龍 혹은 김씨오룡金氏五龍이라고 하며, 청계종가를 오자등과댁五子登科宅으로 부르기도 한다.

운천종가의 불천위 인물인 운천 김용은 퇴계 이황의 손녀(이준의 딸)와 혼인해 6남을 두었는데, 김시주金是柱·김시건金是楗·김시정金是楨·김시릉金是稜·김시상金是相·김시과金是果이다.

장남 개호開湖 김시주(1575-1617)는 1609년에 사마시 장원을 하고 1613년에 문과 급제를 했다. 저서로는 『개호유고』 2권 1책이 있다. 옥봉玉峯 권위權暐의 딸과 혼인해 김희金熙·김임金恁·김훈金薰·김후金煦 등 4형제를 두었다. 장남 김희(1600-1642)는 풍산김씨와 혼인해 김학달金學達·김사달金士達·김방달金邦達 등 3남과 1녀를 두었다. 장남 김학달(1626-1658)은 창녕조씨와의 사이에서 김세건金世鍵과 김세석金世錫 형제와 2녀를 두었다.

장남 김세건(1648-1698)은 안강노씨와의 사이에서 자식이 없어, 종증조부인 김시건의 현손 김정하金挺河를 양자로 삼았다. 이에 대한 기록으로 「1703년 예조에서 종사랑 김세건의 부인 노씨에게 보낸 입안」이 전한다. 당시 김세건이 자식을 얻지 못하고 세상을 떠나자, 그의 아내 안강노씨가 김세건의 6촌 동생인 김세호金世鎬의 차남 김정하를 양자로 입적하기 위해 두 집안이 합의했는데, 예조에서 이를 허락한다는 내용이 실려 있다. 그런데 양자로 들어온 김정하(1689-1724) 역시 후손을 두지 못해 김임의 현손 운산雲山 김상열金相說(1720-1773)을 양자로 들였다.

김상열은 서법書法이 뛰어난 것으로 알려져 있는데, 운천종가에서 소장하고 있는 『보묵寶墨』에 '벼슬에 오르지 않고 초야에 묻혀 사는 유유자적한 삶을 보내겠다'는 내용의 시가 실려 있다. 김상열은 장수황씨와 혼인해 성암惺庵 김현운金顯運과 김두운金斗運, 김내운金來運 3형제를 두었다. 장남 김현운(1748-1816)은 대산大山 이상정李象靖의 문인으로 1777년 진사시에 합격을 했다. 저서로 『성암유고』가 있다. 완산류씨와 혼인한 뒤 서천西泉 김조수金祖壽(1787-1843)를 양자로 삼았다.

김조수는 1825년 사마시에 합격을 했다. 저서로 『서천유고』가 있다. 진성이씨와 혼인해 김용진金龍鎭과 김호진金虎鎭 형제를 두었다. 장남 김용진(1810-1858)은 대사간 등을 역임한 류이좌柳台佐의 딸과 혼인했고, 그의 아들 김광락金光洛(1831-1859)은 진성이씨와의 사이에서 고천古川 김주병金周秉(1846-1896)을 두었다. 김주병은 영천이씨와 혼인해 김국형金國衡(1867-1892)을 두었다. 김국형은 진성이씨와의 사이에서 자식을 두지 못해 김봉환金鳳煥의 아들 김시응金時應(1887-1945)을 양자로 들였다. 김시응의 아들 김종원金鍾源(1903-1954) 역시 진성이씨와 혼인했으나 후사가 없어, 동생 김종해金鍾海의 아들 김승태金昇泰(1954-)를 양자로 맞이해 혈통을 이어 오고 있다. 김승태는 성산이씨 이해숙李海淑(1956-)과의 사이에서 아들 김준표金俊杓(1987-)와 2녀를 두었고 동래정씨 정다영鄭茶榮(1992-)을 며느리로 맞이했다.

운천종가의 계보

1世		錫
2世		逸
3世		弘逑
4世		國
5世		景珍^{2}
6世		彦美
7世		襲光
8世		公祐
9世		龍庇 = 姜氏
10世		宜 = 鎭川 宋 / 紘^{2} / 英^{3} / 世軔^{4}
11世		瑞芝^{2} = 長沙 兪
12世		台權^{2} = 安東 金 / 竹山 朴
13世	안동 입향조	居斗 = 文化 柳
14世		洊 = 洪州 李
15世		永命^{2} = 廣州 李 / 安東 權
16世		漢啓 = 德山 宋 / 順興 安
17世	내앞 입향조	萬謹 = 海州 吳
18世		禮範^{2} = 寧海 申
19世		璡 = 驪興 閔 〈청계〉

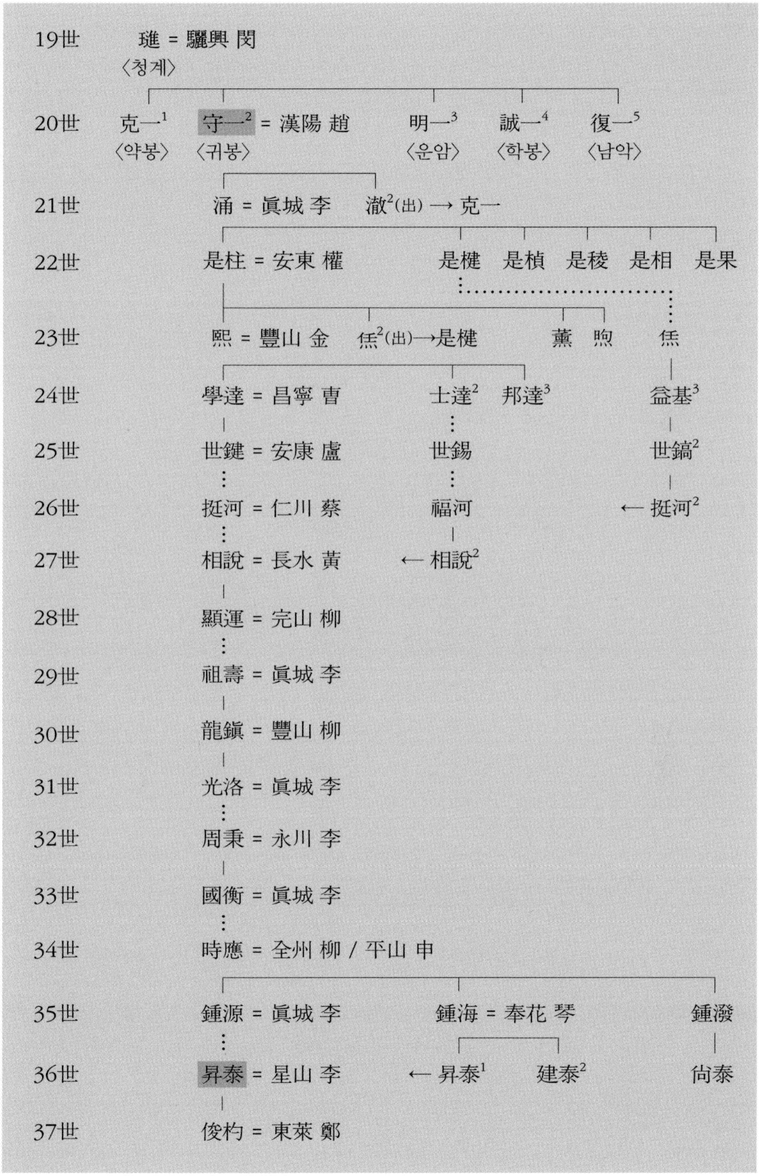
19世 璡 = 驪興 閔
〈청계〉
20世 克一[1] 守一[2] = 漢陽 趙 明一[3] 誠一[4] 復一[5]
〈약봉〉 〈귀봉〉 〈운암〉 〈학봉〉 〈남악〉
21世 涌 = 眞城 李 澈[2](出) → 克一
22世 是柱 = 安東 權 是楗 是楨 是稜 是相 是果
23世 煕 = 豐山 金 烋[2](出)→是楗 薰 煦 烋
24世 學達 = 昌寧 曺 士達[2] 邦達[3] 益基[3]
25世 世鍵 = 安康 盧 世錫 世鎬[2]
26世 挺河 = 仁川 蔡 福河 ← 挺河[2]
27世 相說 = 長水 黃 ← 相說[2]
28世 顯運 = 完山 柳
29世 祖壽 = 眞城 李
30世 龍鎭 = 豐山 柳
31世 光洛 = 眞城 李
32世 周秉 = 永川 李
33世 國衡 = 眞城 李
34世 時應 = 全州 柳 / 平山 申
35世 鍾源 = 眞城 李 鍾海 = 奉花 琴 鍾潑
36世 昇泰 = 星山 李 ← 昇泰[1] 建泰[2] 尙泰
37世 俊杓 = 東萊 鄭

제2장

운천 종가의 인물

운천종가의 인물

1 가학 전통을 잇다

내앞 의성김씨는 청계 김진의 아들 5형제를 중심으로 각각 5개의 파문중派門中을 형성했다. 김진의 차남 귀봉龜峯 김수일金守一(1528–1583)은 귀봉공파를 형성했고, 그의 아들 운천雲川 김용金涌(1557–1620)은 불천위로 추대됨으로써 운천종가를 창출했다. 이런 이유로 귀봉종가와 운천종가라는 두 개의 명칭으로 불리게 된 것이다. 김수일은 28세 때 생원시에 합격한 뒤 동생 김명일과 김복일을 데리고 대과 응시를 위해 상경했으나 김명일의 지병이 위중해져 함께 귀향하다가 동생이 용인 객사에서 숨을 거두자 시신을 이끌고 고향으로 내려왔다. 이후 그는 과거를 포기하고 고향에 머물며 벼슬길에 나가 있는 형을 대신해 아버지를 모시면서 집안일을 돌보고, 후진을 양성하는 일에 전념했다. 1583년 56세 때 자여도찰방에 제수되어 부임지로 가는 길에 지병이 악화되어 객관에서 세상을 떠났다.

김수일은 슬하에 2남 2녀를 두었는데, 장남은 운천雲川 김용金涌이고 차남 대박大朴 김철金徹(1569–1616)은 후사를 두지 못한 백부 김극일의 양자로 들어가서 청계종가의 혈통을 계승했는데, 임진왜란 때 류종개柳宗介의 의병진에서 참모로 활약했으며 1603년에 진사시에 합격했다.

내앞 의성김씨가 명문사족으로 성장하게 된 배경에는 청계 김진의 남다른 노력이 있었다. 그는 가문의 위상을 다지기 위해 자녀 교육에 힘을 쏟았는데, 아들 5형제를 모두 퇴계 이황에게 보내는가 하면 몸소 서당을 세워 자제들을 가르쳤다. 그의 노력 덕분에 내앞 출신 문과 급제자는 24명에 이른다.

그런가 하면 내앞 의성김씨의 가학 전통을 대표하는 인물들로 '도연사호陶淵四皓'와 '금적제구錦適霽求'가 있다. 도연사호는 병자호란 이후 입신의 뜻을 접고 초야에 머물면서 학문을 탐구하고 후학 양성에 전념한 학사鶴沙 김시구金是榘(1594–1673)·표은瓢隱 김시온金是榲(1598–1669)·갈계葛溪 김도金燾(1602–1686)·야암野庵 김임金恁(1604–1667)이다. 금적제구는 퇴계 학맥과 의성김씨 가학을 계승한 17세기 후반 내앞 출신의 금옹錦翁 김학배(1628–1673)·적암適庵 김태중金台重(1649–1711)·제산霽山 김성탁金聖鐸(1684–1747)·구사당九思堂 김낙행金樂行(1708–1766)을 말하며, 이들 호號의 앞 글자를 따

〈표 1〉 운천종가의 가학 전통을 이은 주요 인물

인물	행적	계보관계
김시주(1575–1617)	문과 급제	김수일–김용–김시주[1]
김호운(1768–1811)	문과 급제	김수일–김용–김시주[1]…김훈[3]–김학규–김세갑–김용하[2]–김시홍–김호운
김 임(1604–1667)	학행	김수일–김용–김시건[2]…김임
김세흠(1649–1721)	문과 급제	김수일–김용–김시건[2]…김임–김태기[1]–김세흠
김창석(1652–1720)	문과 급제	김수일–김용–김시건[2]…김임–김이기[2]–김창석[2]
김세호(1652–1722)	문과 급제	김수일–김용–김시건[2]…김임–김익기[3]–김세호[2]
김 휴(1597–1638)	학행	김수일–김용–김시정[3]–김휴
김 도(1602–1686)	학행	김수일–김용–김시릉[4]–김도
김태중(1649–1711)	학행	김수일–김용–김시상[5]…김기…김태중

서 금적제구라고 일컬어졌다. 이들 가운데 김도·김임·김태중은 귀봉파(운천종가)이고, 김시구·김시온·김성탁·김낙행은 약봉파, 김학배는 운암파이다.

운천종가에서는 생원·진사 합격자를 19명 배출했고, 문과 합격자는 김용·김시주·우간雨澗 김호운金虎運(1768–1811)·칠탄七灘 김세흠金世欽(1649–1721)·월탄月灘 김창석金昌錫(1652–1720)·귀주龜洲 김세호金世鎬(1652–1722) 등 6명이다. 이들 중 김세흠·김창석·김세호는 김임의 손자로 내앞 삼학사 또는 내앞 삼문관으로 불리고 있다. 또 백하白下 김대락金大洛(1845–1915)과 일송一松 김동삼金東三(1878–1937) 등 독립운동 서훈자가 21명에 이르며, 『운천선생문집』과 『장고세고』를 비롯해 55종에 달하는 문집 및 유고를 간행하는 등 뛰어난 학문적 성과를 이루었다.

운천 김용의 장남 김시주는 1609년 사마시에 장원을 하고

〈표 2〉 문집 및 유고 발간 인물

성명	생몰	과거	관직	저술
김수일(金守一)	1528-1583	생원(1555)	薦찰방	귀봉집(연방세고)
김 용(金 涌)	1557-1620	문과(1590)	참의, 贈판서	운천집
김시주(金是柱)	1575-1617	문과(1613)	좌랑	개호집
김시건(金是楗)	1576-1596		贈승지	청봉시고
김시정(金是楨)	1579-1612	생원(1609)		경재집
김시릉(金是棱)	1579-1622			송호유고
김 훈(金 薰)	1608-1667			소운암집
김 후(金 煦)	1613-1695			도암집
김 임(金 恁)	1604-1667	생원(1635)	贈대사헌	야암집(장고세고)
김 휴(金 烋)	1597-1638	진사(1627)	薦참봉	경와집
김 도(金 燾)	1602-1686			갈계집
김태기(金泰基)	1625-1700		薦주부	무위당집(장고세고)
김이기(金履基)	1628-1712	생원(1662)		일유당집(장고세고)
김정기(金鼎基)	1632-1708			목암집(장고세고)
김유기(金有基)	1640-1711			일한옹집(장고세고)
김학기(金學基)	1621-1666	진사(1660)		한계당집
김태중(金台重)	1649-1711		薦참봉	적암집
김세흠(金世欽)	1649-1720	문과(1687)	교리	칠탄집(장고세고)
김창문(金昌文)	1649-1675			질재집(장고세고)
김창석(金昌錫)	1652-1720	문과(1690)	정언	월탄집(장고세고)
김세호(金世鎬)	1652-1722	문과(1690)	정랑	귀주집(장고세고)
김세섬(金世銛)	1708-?			식우당유고
김세경(金世鏡)	1665-1706			자천유고
김명석(金命錫)	1675-1762			우계집
김세단(金世鍴)	1677-?			여고유고
김상열(金相說)	1720-1773			운산유고
김현운(金顯運)	1748-1816	진사(1777)	좌수	성암유고
김이운(金履運)	1738-1790	진사(1762)		만구재유고
김호운(金虎運)	1768-1811	문과(1809)		우간집
김조수(金祖壽)	1787-1843	생원(1825)		서천유고

▶ 다음 페이지에 계속

▶ 앞 페이지에 이어

성명	생몰	과거	관직	저술
김창수(金昌壽)	1758–1805			미산유고
김형수(金亨壽)	1778–1857	생원(1809)	좌수	우천유고
김민수(金民壽)	1780–1857			사이와유고
김헌수(金憲壽)	1803–1869			백인재유고
김진곤(金鎭坤)	1787–1868			현산유고
김진규(金鎭圭)	1780–1850			몽의재유고
김진린(金鎭麟)	1825–1895		薦도사	우파유고
김양진(金養鎭)	1829–1901			우헌집
김진기(金鎭麒)	1830–1917		좌수	우하재유고
김진선(金鎭璿)	1854–1919			운서유고
김여락(金驪洛)	1809–1863			화서유고
김홍락(金弘洛)	1817–1869			서임집
김우락(金宇洛)	1827–1901			비암유고
김영락(金永洛)	1838–1921			하옹유고
김대락(金大洛)	1845–1914			백하일기
김효락(金孝洛)	1849–1904			서산유고
김소락(金紹洛)	1851–1929			잉헌유고
김휘락(金輝洛)	1852–1911			극와유고
김한락(金翰洛)	1858–1945			범와집
김윤락(金潤洛)	1867–1931			회천유고
김용락(金庸洛)	1873–1941			난사유고
김주병(金周秉)	1846–1896			고천유고
김경식(金敬植)	1829–1905			직곡집
김경식(金景植)	1881–1960			긍산유고
김종식(金琮植)	1887–1954			농산유고
김병문(金秉文)	1889–1967			학천집
김준식(金浚植)	1891–1961			우산유고
김경로(金敬魯)	1857–1927			남강유고
김흥로(金興魯)	1873–1949			만송유고
김응로(金應魯)	1894–1969			일산유고

1613년에 문과 급제를 한 뒤 승정원주서에 임명되었으며 벼슬이 병부랑에 이르렀다. 옥봉玉峯 권위權暐의 딸 안동권씨와 혼인해 김희金熙·김임金恁·김훈金薰·김후金煦 4형제를 두었다.

우간雨澗 김호운金虎運(1768-1811)은 김용의 7대손으로 김시홍의 장남이다. 동암東巖 류장원柳長源과 우고雨皐 김도행金道行 등으로부터 수학했으며, 1804년 생원시에 합격을 했다. 1809년에 문과 급제를 하고 승문원정자에 임명되었으나 고향으로 내려와 학문 정진과 후학 양성에 전념했다. 경학과 예설에 정통했으며 저서로 『우간집』이 있다.

야암野庵 김임金恁(1604-1667)은 김용의 손자이자 김시주의 차남으로 숙부 김시건의 양자로 들어갔다. 1635년 생원시에 합격을 했으나 병자호란이 일어나자 벼슬의 뜻을 접고 고향으로 내려와 은둔생활을 보냈다. 학사鶴沙 김응조金應祖가 그의 글을 보고 감탄할 정도로 뛰어난 문장력을 지녔다고 한다. 내앞마을 인근에 야암정사를 지어 후학을 양성하며 노년을 보냈다. 저서로 『야암집』이 있다. 내앞 삼문관으로 불리는 김세흠·김창석·김세호 모두 그의 손자이기도 하다.

칠탄七灘 김세흠金世欽(1649-1721)은 김용의 현손이면서 김태기의 장남으로 태어났다. 1673년 진사시에 합격을 한 후 1687년에 문과 급제를 했다. 1707년 홍문관수찬으로 재임할 당시 장희빈의 아들(경종)을 옹호하는 상소를 올려 옥사한 이잠李潛에 대한 구명 상소를 작성했다는 이유로 전라도 흥양으로 유배되었다가

1712년에 풀려난 뒤 학문 연구와 후학 양성에만 전념했다. 저서로 『칠탄일고』가 있다.

월탄月灘 김창석金昌錫(1652-1720)은 김용의 현손이며 김이기의 차남이다. 1687년 진사시에 합격을 하고 1690년에 문과 급제를 했다. 승문원부정자를 거쳐 성균관전적과 사간원정언 등을 지냈으나 1694년에 갑술환국으로 노론이 집권하자 고향으로 내려왔다. 1701년에 임동면 망천리에 몽선각夢仙閣을 건립해 평소 뛰어난 소질을 보였던 시서화詩書畫에 몰두하는 삶을 보냈다. 몽선각은 임하댐 건설로 인해 내앞마을로 이건되었다. 한편 김창석은 전라도사와 강원도사 등에 제수되었는데, 1706년 강원도사 재임 당시 『금강일록』을 짓기도 했다. 저서로 『칠탄일고』가 있다.

귀주龜洲 김세호金世鎬(1652-1722)는 김용의 현손이면서 김익기의 차남으로 태어났다. 경사·음양·복서에 정통했으며, 문장의 격조가 높아 당대 명사들이 '금석문의 일인一人'이라며 찬사를 아끼지 않았다. 1681년 생원시에 합격을 했고 1690년에 문과 급제를 한 후 예문관검열과 병조정랑 등을 역임했다. 저서로 『귀주일고』가 있다.

경와敬窩 김휴金烋(1597-1638)는 김용의 손자이며 아버지는 김시정이고, 어머니는 백암栢巖 김륵金玏의 딸 선성김씨이다. 그는 서책을 도시圖示·분류·정리하는 등 한국 서지학의 기초를 구축하는 데에 중요한 역할을 했다. 19세 때 경암敬庵 노경임盧景任의 딸 안강노씨와 혼인한 뒤 장인의 외숙부인 여헌旅軒 장현광張顯光으로부터 수학하면서 성리학에 침잠했다. 1627년 진사시에 합격을 한 뒤 금강산을 유람하다가 운천종가의 4가지 보물 중 하나인 연하침煙霞枕을 발견하기도 했다. 문집으로 『경와집』이 있는데, 6권의 「가장사보기家藏四寶記」에 창포검菖蒲劍(문장검)·매화연梅花硯·연하침煙霞枕·고적古笛에 관한 기록이 실려 있다. 그가 지은 『해동문헌총록』은 우리나라 최초의 도서 해제 자료로 서지학의 토대를 마련한 것으로 평가받고 있다. 그는 이 책에서 670여 종에 이르는 전적의 목록화와 해제 작업을 했으며, 낙동강 부근의 안동을 비롯한 봉화·영주·문경·예천·영양·상주·의성·군위·구미 등 영남의 주요 가문을 직접 방문해서 서적을 확인·수집했다고 한다.

갈계葛溪 김도金燾(1602-1686)는 김용의 손자이면서 김시릉의 장남이다. 병자호란 이후 어지러운 세상을 피해 갈라산 아래 갈계정을 짓고 은둔생활을 보냈다. 갈계정은 1646년 남선면 원림리에 건립되었으나, 임동면 망천리로 옮겨졌다가 임하댐 건설로 인해 임하리로 다시 이건되었다. 김도는 시와 글씨에 출중한 재능을 가진 것으로 알려져 있다.

적암適庵 김태중金台重(1649-1711)은 표은 김시온의 손자이며 김방형金邦衡의 아들로, 운천 김용의 5남 김시상의 아들 김기의 양자로 들어갔다. 또 운암 김명일의 현손인 김학배로부터 수학하다가 그가 세상을 뜨자 갈암葛庵 이현일李玄逸의 문하에 들어갔다.

1678년 향시에 합격을 하고 1693년에 이현일의 천거로 건원릉참봉에 제수되었으나 벼슬에 나아가지 않고 평생 은둔처사로서 삶을 살았다. 김학배가 건립했던 운곡초당을 중수해 후진 교육을 위한 장소로 활용했으며, 만년에는 도연의 와룡초당 아래 도연서당을 세워 후학을 양성했다.

운천종가의
인물

2 독립운동의 선봉에 서다

내앞마을은 '항일 독립운동의 성지'로 불릴 정도로 많은 독립운동가를 배출했다. 그중 운천 김용의 후손들은 호국 항일운동의 선봉에 섰는데, 대표적으로 백하 김대락과 일송 김동삼은 가족을 이끌고 만주로 건너가 항일 무장투쟁을 비롯한 다양한 독립운동을 펼쳤다. 당시 내앞 의성김씨에서 독립운동을 위해 만주로 망명한 사람은 150여 명으로 알려져 있다. 특히 이들은 3·1운동 이후에는 한족회韓族會와 서로군정서西路軍政署를 비롯해 국민대표회國民代表會·고려혁명당高麗革命黨·한국독립당韓國獨立黨 등을 조직해 일본 제국주의에 맞서 싸우기도 했다. 또 국내에서도 김후식金厚植(1907-1961)과 김주로金宙魯(1894-1962) 등 많은 사람이

운천종가의 만주 지역 독립운동가

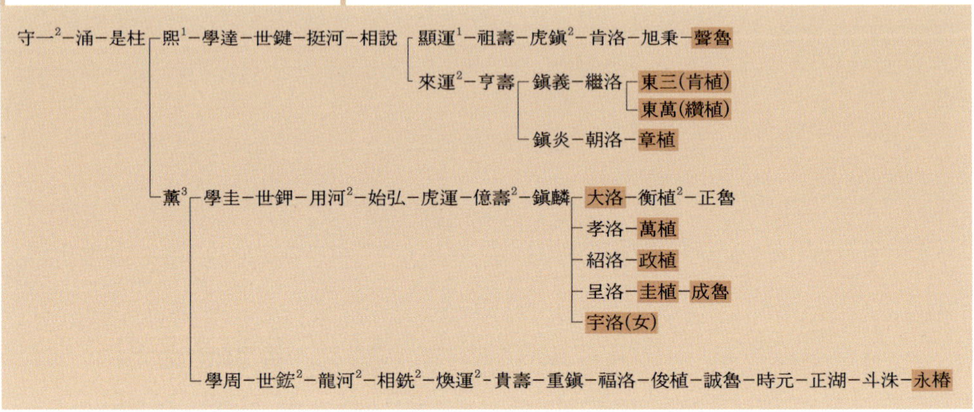

신간회 활동 등을 통해 민중 계몽 운동에 앞장섰고, 독립운동 자금을 모금하는 데에도 중요한 역할을 수행했다. 한편 운천종가의 후손 가운데 독립운동에 투신한 공로를 인정받아 훈·포장 및 표창을 받은 사람은 알려진 것만으로도 21명에 달한다.

이처럼 운천종가의 후손들이 독립운동에 앞장설 수 있었던 것은 김용의 11대 주손 김주병金周秉(1846-1896)의 역할이 컸다. 그는 1895년에 단발령이 공표된 후 유림 대표들이 모여 의병을 일으킬 것을 결의할 때 정제유사로 뽑혔는데, 당시 병환 중이었음에도 불구하고 참가를 강행했다가 며칠 후 세상을 떠났다. 김주병의 이러한 헌신적 행동은 문중 사람들의 항일 독립운동에 큰 영향을 끼치기도 했다. 당시 만주로 가서 항일투쟁을 펼쳐 후일 서훈된 인물의 계보관계는 위의 그림과 같다.

김성로金聲魯(1885~1922)는 1919년에 신흥무관학교를 졸업하고 같은 해 3월에 부민단이 한족회로 확대될 때 참가해 활동했다. 김동삼의 후임으로 서무사장에 선임되기도 했다. 그런데 김동삼이 흥경현興京縣 왕청문旺淸門에서 설립한 통의부 공작대가 군자금을 인수하기 위해 국내로 들어오다가 평안북도 정주에서 체포되었을 때 그 역시 중국 봉천에서 체포·구속되었다. 이로 인해 1921년에 평양복심법원에서 징역 5년형을 선고받고 옥고를 치르던 중 1922년 4월 30일에 옥사했다. 1963년에 대통령 표창을 받았으며 1991년에는 건국훈장 애국장에 추서되었다.

일송一松 김동삼金東三(肯植, 1878~1937)은 위기에 처한 나라를 바로잡기 위해 영남 최초의 중등교육기관인 협동학교協東學校를 세워 활동을 하던 중 1910년 국권이 찬탈당하자 아내와 동생, 아들과 조카 등 16명을 데리고 만주로 망명해 1920년대까지 서간도 독립운동 조직의 지도자로 활약했다. 이상룡·이시영 등과 함께 신흥무관학교를 설립하고 경학사를 결성하며 백서농장을 운영하는 등의 활동을 펼쳤으며, 한족회와 서로군정서·통의부·국민대표회의 등을 비롯해 서간도의 대표적인 단체와 독립군 단체의 설립을 주도하고 이끌었다. 특히 여러 갈래로 갈라진 독립운동 단체를 하나로 결속시키기 위해 노력했는데, 국민회의와 한국독립당 등을 조직해 활약하던 중 만주에서 일경에게 붙잡혀 국내로 압송되어 옥고를 치르다가 옥사했다. 1962년에 건국훈장 대통령장에 추서되었다.

김동만金東滿(纘植, 1880–1920)은 김동삼의 동생으로 1910년에 국권을 찬탈당하자 김대락과 이상룡 등이 독립운동 기지 건설을 위해 서간도 망명을 할 때 동참했다. 삼원포에 세워진 삼광학교의 교장으로 취임해 민족 교육에 힘을 쏟았으며, 1919년 4월에 조직된 서로군정서에서 활동하다가 1920년 9월의 경신참변 때 일본군에 의해 살해되었다. 1963년에 대통령 표창을 받았고 1991년에는 건국훈장 애국장에 추서되었다.

김장식金章植(1889–1949)은 김동삼의 6촌 동생이다. 1919년 3월에 정인호鄭寅琥 등이 조직한 구국단에서 활동했으며 만주로 망명한 이후에는 서로군정서에서 활약했다. 1924년 11월 24일에 정의부가 결성되자 참여해 김동삼을 도왔으며, 1932년 4월에는 향방 농무계에 들어가 아성현 제3구 태평교 부근을 답사하던 중 적의 탄알에 부상당하기도 했다. 1995년에 건국훈장 애국장에 추서되었다.

백하白下 김대락金大洛(1845–1914)은 영남 최초로 내앞[川前]에 설립된 근대식 중등학교인 협동학교協東學校의 운영에 적극 참여하여 문중 개화와 유림의 혁신에 앞장섰다. 국권이 찬탈되자 1911년 66세의 나이로 아내와 아들, 손자와 동생 등 34명의 가족을 데리고 중국 만주로 망명했다. 만주에 도착한 그는 매부 석주石洲 이상룡李相龍(1858–1932)과 이동녕李東寧, 이시영李始榮 등과 뜻을 모아 신흥무관학교의 전신인 신흥강습소를 설립한 뒤 군사 훈련과 교육활동을 펼쳤다. 당시 항일 독립운동의 실상을 기록한 『서

정록西征錄』과 『백하일기』 등을 저술했으며 1990년에 건국훈장 애족장에 추서되었다.

김우락金宇洛(1854-1933)은 김대락의 여동생으로, 석주 이상룡의 부인이다. 1911년에 남편을 따라 만주로 건너간 김우락은 이상룡이 만주에서 독립운동을 지속할 수 있도록 가산을 기부하는 등 물심양면으로 지원했다. 김우락이 지은 「해도교거사海島僑居辭」라는 가사에는 이상룡이 망명을 결정할 때의 상황과 만주로 건너가 정착하기까지의 과정 등이 상세히 기록되어 있다. 2019년 건국훈장 애족장에 추서되었다.

김만식金萬植(1866-1933)은 1900년대 초 내앞마을에 설립된 근대식 학교인 협동학교 교사로 재직하면서 이상룡과 함께 대한협회 안동지회 설립에 참여하는 등 민족의식 고취에 앞장섰다. 1910년 국권을 찬탈당하자 김동삼, 이상룡 등과 함께 해외 독립운동 기지 건설을 추진하기 위해 만주를 왕래하며 활약했다. 1911년에 백부 김대락과 함께 가족을 데리고 망명했으며, 이후 국내와 만주를 왕래하던 중 일본 경찰에 체포되어 심한 고문을 당하기도 했다. 1999년에 건국훈장 애족장에 추서되었다.

김정식金政植(1888-1941)은 1910년에 나라를 빼앗기고 김대락·김동삼·이상룡 등이 독립군 기지 건설을 위해 만주로 망명하자 김대락을 따라가서 길림성 유하현 삼원포에서 독립군 기지 건설에 참여했다. 1919년 서로군정서 결성에 참여했으며 1920년에는 간도 참변으로 인해 동포 사회가 황폐해지자 이를 재건하기 위해 국내로 들어와서 군자금 모금 활동을 벌이던 중 일본 경찰에 체포되어 3년간 옥고를 치렀다. 이후 흑룡강성 하얼빈 아성현 취원창 독립운동 기지를 개척해 항일투쟁을 전개했다. 1993년 건국훈장 애족장에 추서되었다.

김규식金圭植(1880-1945)은 김만식 등과 함께 협동학교의 교사로 활동하다가 백부 김대락을 따라 만주로 망명했다. 경학사와 부민단 등에 가담해 독립운동 기지 건설에 참여했으며, 한족회韓族會 학무부장에 선임되어 만주 이주 한인들의 생활 안정을 위해 활동했다. 이후 서로군정서 정의부正義府에 참여하고 여관旅館을 운영하면서 독립운동의 연락 거점으로 이용하기도 했다. 1944년 8월에 일본 경찰에 체포되었는데, 이후 행적은 알려지지 않고 있다. 1996년 건국훈장 애국장에 추서되었다.

김성로金成魯(1896-1936)는 1912년 3월에 국권회복운동을 위해 부친 김규식과 함께 젠다오[間島]로 건너가 신흥무관학교를 수료하고, 1919년에는 신흥무관학교 교관으로 재직하면서 3·1 운동 직후 만주로 망명해 오는 애국 청년들을 대상으로 독립군 양성을 위한 교육활동을 펼쳤다. 1920년 10월에는 북로군정서 독립군단에 가담해 청산리 전투에 참가했으며, 항일투쟁을 전개하면서 조국 독립을 위해 힘쓰던 중 일본군과 교전 끝에 부상을 당해 1936년 3월에 사망했다. 1990년에 건국훈장 애국장에 추서되었다.

김영춘金永椿(1924-1991)은 중국군 유격대와 한국광복군에서 활동했다. 1944년 일본군에 강제로 입대했으나 1945년 1월에 부대를 탈출해 후베이성 신점진을 거점으로 삼고 있는 유격대에 합류했다. 그곳에서 일본군 문서 번역과 포로 심문 업무 등을 수행했으며, 일본군의 보급 수송을 방해하는 유격전을 펼치기도 했다. 이후 중국군 소속 한국인들의 전속轉屬 방침에 따라 한국광복군으로 편제되어 일본군 정보 수집과 귀순 공작 업무 등을 수행했다. 1990년 건국훈장 애족장(1982년 대통령 표창)에 추서되었다.

〈표 3〉은 운천종가의 후손 가운데 국내에서 독립운동을 펼쳐서 후일 서훈된 10명이다. 김락金洛(1862-1929)은 18세 때 도산 하계마을의 진성이씨 이중업李中業과 혼인했다. 이중업은 파리장서사건 때 파리평화회의에 보낼 독립탄원서를 작성한 인물로, 1910년에 국권을 빼앗기자 자정순국한 향산響山 이만도李晩燾(1842-1910)의 아들이기도 하다. 김락은 57세의 나이에 안동의 예안면 장터에서 일어난 독립만세운동에 참여했다가 체포되었다. 모진 고문을 받아 두 눈을 실명한 상태에서 남편과 이동흠李棟欽, 이종흠李棕欽 두 아들의 항일투쟁 소식을 전해 듣고 심한 고통 속에서 여생을 보내다가 숨을 거두었다. 2001년에 건국훈장 애족장에 추서되었다.

김후식金厚植(1907-1962)은 안동청년동맹과 신간회 안동지회에서 활동하다가 1931년 7월에 사회주의운동 단체인 안동콤그룹에 가입해 임하 지역 사방 공사에 투입된 인부들의 파업을 계획했으나 실행하지는 못했다. 적색농민조합을 결성하고 조합원들에게 사회주의 사상과 항일 의식을 고취시키기 위해 마르크스 강

〈표 3〉 운천종가의 국내 활동 독립운동가

인물	계보관계
김 락(1862–1929)	김수일–김용–김시주[1]–김훈[3]–김학규[1]–김세갑–김용하[2]–김시홍–김호운–김억수…김진린–김락(女)
김후식(1907–1962)	김수일–김용–김시주[1]–김훈[3]–김학규[1]–김세갑–김용하[2]–김시홍–김추운[3]–김초수–김진선–김구락–김후식
김주로(1894–1962)	김수일–김용–김시주[1]–김훈[3]–김학시[4]–김세완–김수하–김상오–김종운–김근수…김진태…김철락–김윤식–김주로
김수락(1840–1920)	김수일–김용–김시주[1]–김후[4]–김우기–김세추–김윤하–김상옥–김국광–김경수–김진휴[2]–김수락
김술로(1898–1946)	김수일–김용–김시건[2]…김임–김태기[1]–김세흠…김영하–김경동–김광운…김상수–김원진–김정연[3]–김인식–김술로
김시태(1896–1970)	김수일–김용–김시건[2]…김임–김유기[5]–김세장–김구하…김상적…김승건…김남수–김상진[1]–김정락[2]…김경식–김동로[3]–김시태[2]
김영종(1928–1950)	김수일–김용–김시건[2]…김임–김유기[5]–김세장–김구하…김상적…김승건…김남수–김노진[3]–김용락[2]…김양식–김형대–김시창–김영종
김두형(1865–미상)	김수일–김용–김시정[3]–김휴–김학기–김세경–김혁하–김상원–김규운–김태수–김진강–김정락[1]–김창식–김두형[2]
김시찬(1900–1960)	김수일–김용–김시정[3]–김휴–김학기–김세경–김혁하–김상원–김규운–김태수–김진강–김응락[3]–김재식–김주형–김시찬
김준운(1855–1925)	김수일–김용–김시상[5]…김기…김태중–김정석–김진하–김시훈[3]–김준운

좌회를 개최하는 등의 활동을 전개하다가 일본 경찰에 체포되어 옥고를 치렀다. 2000년 건국포장에 추서되었다.

김주로金宙魯(1894–1962)는 1920년에 증산교(흠치교) 계열의 신종교인 보천교에 입교해 독립운동 자금 모집활동을 펼쳤다. 당시 안동 지역에 확산된 보천교는 1924년에 천지개벽이 일어나 조선이 독립할 것이라고 선전하는 등 표면적으로는 종교활동을 내

세웠으나 실제로는 구국활동을 전개하며 교세를 빠르게 확장해 갔다. 이에 일제에 의한 대대적인 탄압이 시작되었는데, 김주로는 1921년 4월 신도들과 함께 체포되어 징역 1년형을 선고받아 옥고를 치렀으며 2005년 건국포장에 추서되었다.

김수락金秀洛(1840-1920)은 태백산맥 일대에서 활약하던 이강년 의진의 의병활동을 지원했다. 봉화군 서벽에 근거지를 두고 있던 이강년 의병은 산간벽지의 험로에 자리하고 있어 의병 참여에 어려움이 많았는데, 김수락은 68세의 나이에도 불구하고 일본군의 상황을 정탐한 뒤 이강년 의진에 정보를 알려 주는가 하면 가산을 팔아 군수 물자를 보급하기도 했다. 1995년 대통령 표창을 수여받았다.

김술로金述魯(1898-1946)는 김주로와 함께 1920년에 증산교(흠치교) 계열의 신종교인 보천교에 입교했다. 보천교는 교주 차경석車京錫 아래 60방주라는 고문을 두고 그 아래에 6인조-12인조-8인조-15인조 등의 조직을 결성한 뒤 치성비라는 명목의 헌금을 받아 일부는 제사 비용에 쓰고 나머지는 독립운동 자금으로 사용하도록 했다. 김술로는 김응로金應魯가 이끄는 8인조에 가입해 활동하다가 1921년에 1년형을 선고받아 옥고를 겪었다. 2012년 건국포장에 추서되었다.

김시태金時兌(1896-1970)는 1920년에 증산교(흠치교) 계열의 신종교인 보천교에 입교해 국권 회복을 위한 독립운동 자금 모금과 신도 모집에 앞장섰다. 이 과정에서 윤치웅尹致雄과 권병칠權秉七

외 5명을 입교시키는 등 활발한 활동을 전개했다. 1921년 징역 1년형을 선고받고 항소를 한 뒤 면소 판결을 받았다. 2005년에 대통령 표창을 받았다.

김영종金永鍾(1928–1950)은 비밀 결사 조직인 조선독립회복연구단에서 활동했다. 이 연구단은 안동공립농림학교 학생들이 주축이 되어 격투 훈련과 체력 단련 등을 실시하면서 무장투쟁을 위한 준비를 했다. 안동 지역 내 항일의식을 가진 51명의 단원을 모집해 엄혹한 일제 감시를 피해 가며 조직 활동을 했다. 그러나 단원 일부가 다른 사건에 연루되어 조사받던 중 계획이 탄로나 5개월간 옥고를 치르다가 광복 직후 석방되었다. 2011년 대통령 표창에 추서되었다.

김두형金斗衡(1865–미상)은 서병두徐丙斗와 이종한李琮漢 등이 조직한 구국단에서 활동했는데, 주로 대한민국임시정부의 군자금을 모금하는 역할이었다. 당시 '군자금 지원은 나라의 독립을 달성하기 위한 조선 민족의 의무'라는 내용을 담은 전단지를 갖고 전국 각지를 다니면서 독립운동 자금을 모금했다. 그러던 중 모금 활동이 발각되어 징역 1년형을 선고받고 옥고를 치렀다. 2012년 건국훈장 애족장에 추서되었다.

김시찬金時贊(1900–1960)은 1920년 증산교(흠치교) 계열의 신종교인 보천교의 교도가 되면서 8인조에 가입해 치성비 명목의 운동자금을 낸 후 국권회복운동에 매진했다. 이후 교도들과 함께 자금 모집활동 등을 전개하다가 1921년 4월에 체포되어 징역 1년에 집행유예 4년을 선고받았다. 2019년 대통령 표창이 수여되었다.

김준운金俊運(1855–1925)은 1919년 3·1 운동이 전국적으로 확산될 때 65세의 고령임에도 불구하고 영천 신녕면 완전동에서 신녕공립보통학교 학생들을 지도해 독립만세운동을 펼쳤다. 1990년에 건국훈장 애족장(1986년 대통령 표창)에 추서되었다.

제 3 장

운천 김용의 삶과 생각

1 운천종가의 두 인물, 귀봉 김수일과 운천 김용

운천종가는 '귀봉종가'로도 알려져 있는데, 그 혈통의 뿌리는 청계靑溪 김진金璡(1500-1580)을 중흥조로 삼고 있는 청계종가에 두고 있다. 즉 김진의 다섯 아들 중에서 차남이 귀봉龜峰 김수일金守一(1528-1583)이고, 그의 장남이 운천雲川 김용金涌(1557-1620)인 것이다. 이들 가문은 청계 김진의 아들 5형제 모두 사마시에 합격하고 장남 김극일과 4남 김성일, 5남 김복일이 문과 급제를 함으로써 '천전오룡川前五龍'·'오등과댁五登科宅'이라는 별칭을 얻을 만큼 지역명문가로서 확고한 위상을 수립했다. 이후 5형제를 중심으로 분파分派를 하면서 각각의 파문중이 결성되는데, 약봉공파·귀봉공파·운암공파·학봉공파·남악공파이다. 이로써 5형제는 아버지의 청계공파에 속하면서 자신들이 형성한 파문중의 시조가 되었으며, 또 각자의 호號를 차용한 종가를 창출했다.

그런데 장남인 약봉 김극일은 불천위로 추대된 아버지 청계 김진의 '종가(집)'를 계승한 까닭에 '청계종가'라는 명칭을 그대로 이어받았고, 또 그 자신이 불천위가 아니기에 그 종가가 '약봉종가'로는 불리지 않는다. 이에 비해 귀봉종가는 운천 김용이 불천위로 추대됨에 따라 '운천종가'라는 명칭이 생겨났는데, 다만 귀봉 김수일은 불천위는 아니지만, 의성김씨 내앞파 다섯 형제 중의 둘째집으로 '귀봉종가'로도 칭해지고 있는 것이다. 아울러 운천 김용의 세대에서는 분파가 이루어지지 않은 탓에 '운천공파'라는 파문중은 형성되지 않았다. 이런 이유로 불천위와 상관없이 '귀봉공파'와 '귀봉종가'라는 명칭이 통용되고 있다.

내앞마을에서는 청계(약봉)종가를 '큰종가'라고 하며 귀봉종가를 '적은종가(작은종가)'라고 부르는데, 두 종택은 배산임수의 마을 입지에 따라 산자락이 끝나는 지점에 나란히 자리하면서 내앞 의성김씨의 구심점으로서 역할을 수행하고 있다.

1) 귀봉 김수일, 배려와 희생의 삶

귀봉 김수일은 아버지 청계 김진과 어머니 여흥민씨 사이에서 8남매 중 둘째 아들로 태어났다. 위로 7살 터울의 형 약봉藥峰 김극일金克一(1522-1585)이 있고, 아래로는 7살 터울의 운암雲巖 김명일金明一(1534–1570), 11살 터울의 학봉鶴峯 김성일金誠一(1538–1593), 14살 터울의 남악南嶽 김복일金復一(1541–1591) 등과 더불어 3명의 여동생이 있다. 귀봉의 장남 운천 김용은 아버지를 위해 지은 「묘지墓誌」에서 다음과 같이 귀봉을 설명하고 있다.

> 품성이 올곧고 총명함이 뛰어나며 용모가 단정하고 근엄해 위풍이 있었다. 문장에 기개가 넘치고 세속의 티끌이 조금도 없었다. 시詩에 뛰어난 재능이 있었다. 집안을 다스림에는 엄중함이 있었고, 마음을 베푸는 데 아낌이 없었다. 집안의 가난한 여자를 출가出嫁시키고 부모 잃은 고아를 데려다가 성장시켜 친척들이 모두 우러러봤다. 아들과 조카들을 깨우치고 후생들 교육에 힘을 쏟았으며, 선善을 받들고 악惡을 경계해 모든 일을 단호하게 처리함으로써 향인鄕人들이 공경하면서도 두려워하는 마음을 가졌다. 일찍이 어머니를 여의고 나서 효성과 정성을 다해 아버지를 극진히 모셨으며, 형과 아우들을 마음으로 아끼면서 돈독한 우애를 다졌다.

김수일은 엄격함과 자애로운 품성을 갖고 있었으며 원칙에서 벗어나면 단호할 정도로 엄하게 다스리는가 하면 의지할 데 없는 어린아이들을 보듬어 주는 따뜻한 심성을 가졌다. 그래서 주변 사람들은 배려심 깊은 그의 성품을 존경하면서도 엄격한 원칙론자로서의 모습에는 두려움을 느끼기도 했다. 어린 시절에는 맏형과 함께 아버지 청계 김진으로부터 학문적 소양을 쌓은 뒤 퇴계 문하에 들어갔으며 퇴계의 심학 강론을 듣고 감명을 받아 학문에 침잠한 것으로 전한다. 당시 그는 심학에 뛰어난 문제의식과 깊은 이해력을 보여 퇴계로부터 칭찬을 들었다고 한다.

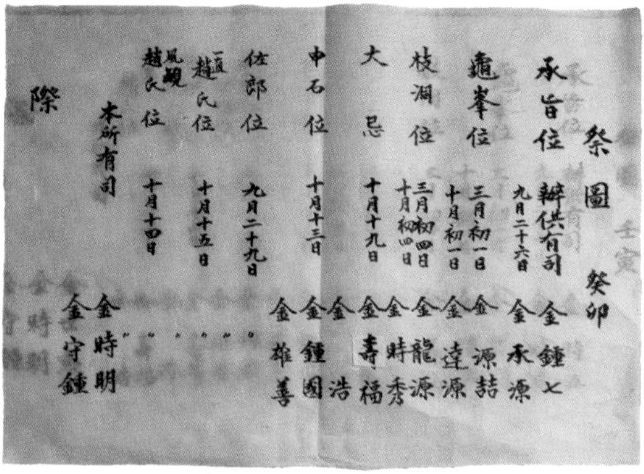

한양조씨 묘사 내역[祭圖](한국국학진흥원 제공)

김수일은 안동 일직 귀미의 한양조씨 조효종趙孝宗의 딸에게 장가들었는데, 처가에 아들이 없어 외손봉사의 명분으로 귀미에 살림을 차렸다. 이런 이유로 지금도 운천종가에서는 일직에 자리하고 있는 김수일의 장인과 장모, 처조부모의 묘소에 시제를 지내고 있다. 지금으로부터 5백 년 전에 사위 김수일이 이행한 약속을 그 후손들이 받들고 있는 것이야말로 운천종가의 의리 정신을 잘 보여 주는 대목이라고 할 수 있다.

이후 김수일은 일직에서 내앞마을로 돌아왔는데, 1567년 40세 때이다. 당시 맏형 김극일은 관직 생활로 인해 타지에 있었고, 아버지 김진은 영양 청기의 별업에 머물고 있었다. 그래서 김수일은 본가로 와서 집안일을 맡아 달라는 아버지의 부름을 받아 내앞마을로 돌아왔는데, 천성이 활달하고 성실했던 그는 집안의 대소사를 원만하게 처리하는 능력을 발휘해 아버지로부터 신임을 크게 얻었다고 한다. 이에 아버지 김진은 마을 건너편 기슭에 자신이 세웠던 부암서당傅巖書堂의 터를 김수일에게 주면서 백운정白雲亭을 짓도록 했다. 이와 관련해 『영가지』에도 "(백운정은) 임하면 북쪽 2리 부암연 위에 있다. 김진이 세우고 그의 아들 수일이 옛 터전에 더 늘려서 지었다."라고 기록되어 있다. 다만 김수일이 내앞마을로 돌아왔을 때는 조부 김예범이 만년에 거처했던 한송정寒松亭에 잠시 머물다가 이듬해 1568년에 백운정을 지어 거처로 삼은 것으로 전한다.

강가 정자에서 문득 읊다[江亭偶吟]

고을 서북쪽 낙동강 물가	縣城西北洛江湄
푸른 산 깎아 작은 정자 지었네	青嶂開成小閣危
재주 있는 자질子姪들 틈틈이 와서 『주역』을 읽고	才子乘閑來讀易
큰형님 술잔 들고 시를 읊조리네	大兄携酒坐吟詩
구름 걷힌 산골짝은 마치 그림 같고	雲收遠壑山如畫
바람 멈춘 깊은 연못 숫돌처럼 잔잔하네	風定深潭水似砥
석양의 잔물결에 일렁이는 밝은 달	向夕微瀾搖朗月
선녀가 구슬 갖고 놀 때보다 아름답네	絶勝神女弄珠時

위의 시는 김수일이 지은 것으로, 낙동강 기슭에 자리한 백운정의 뛰어난 절경이 잘 묘사되어 있다. 임하구곡의 경승지에 자리한 백운정은 내앞마을과 반변천을 사이에 두고 남쪽으로는 문

백운정 시판(김수일, 「강정우음江亭偶吟」)(한국국학진흥원 제공)

필봉인 약산이 펼쳐져 있고 북동쪽으로는 내앞마을이 한눈에 보이는 곳에 있다. 이처럼 그는 경관이 뛰어난 백운정에서 형제와 벗들과 함께 술잔을 기울이고 시를 읊으면서 세상의 시름을 잊고 살았다.

한편 김수일의 첫째 여동생은 내앞마을 인근의 임동 무실마을 출신의 전주류씨 류성柳城(1533-1560)에게 출가했는데, 매제 류성은 28살의 나이로 요절한다. 그런데 1563년 남편의 3년상을 마친 여동생이 스스로 목숨을 버리자, 형제들이 장례를 치러 주고 생질 기봉岐峰 류복기柳復起(1555-1617)와 묵계默溪 류복립柳復立(1558-1593) 형제를 내앞으로 데려와서 성장시켰다. 훗날 류복기는 학봉 김성일의 문도가 되었고 임진왜란 때는 아우 류복립과 함께 의병 봉기에 공을 세워 공신으로 서훈되기도 했다. 이후 그 자손들은 학문과 벼슬로 영남의 명문가를 이루었는데, 그 배경에는 고아가 된 어린 생질들을 가슴으로 품어 준 외숙부 김수일의 따뜻한 배려가 있었다.

김수일은 1555년 28세 때 생원시에 합격한 뒤 수차례에 걸쳐 향시 장원을 하는 등 주위의 기대를 한 몸에 받았다. 그러다가 1569년 9월 3일 아우 운암 김명일과 남악 김복일을 데리고 대과에 응시하기 위해 상경한 뒤 객관에 머물면서 시험 준비에 임했다. 그런데 이듬해 3월 무렵 아우 김명일의 지병이 악화되자, 김수일은 "아우가 객지에서 숨을 거두게 할 수는 없다. 내가 데리고 고향으로 내려갈 테니, 너(김복일)는 과거에 응해 어버이 은혜에 보답하거라."라는 당부를 남기고 아우를 가마에 태워 길을 나섰다. 하지만 용인 금량역에 이르렀을 때 김명일은 병세가 갑자기 위독해져 끝내 숨을 거두었다. 이에 김수일은 아우의 관을 이끌고 고향 내앞마을로 돌아왔다. 당시 한양에 남아 있던 김복일은 결국 과거에 급제했는데, 이로써 남은 4형제 중에서 김수일만 대과 문턱을 넘지 못한 셈이다. 맏형 김극일은 1546년에, 아우 학봉 김성일은 1568년에 각각 대과 급제를 했다. 이후 김수일은 과거에 응하지 않고 홀로 계신 아버지를 봉양하며 백운정에서 자연을 벗하는 수기修己의 삶을 보냈다.

김수일이 내앞마을로 돌아왔을 때 아버지 김진은 영양 청기의 별업에 머물고 있었다. 그는 청기에 농장을 마련한 뒤 황무지를 개간하는 등의 방법으로 광대한 전답을 확보함으로써 족적族的

기반을 확장했으며, 또 영양의 낙후된 학문적 풍토를 개선하기 위해 서당을 세워 지식 보급에 앞장서기도 했다. 그러던 중 1570년에 영양 최초의 서원(영산서원) 건립을 발의하게 되는데, 이때 김수일이 실무를 맡아 서원 창건을 추진한다. 이와 관련된 내용이 『영양군지』(1963)에 수록되어 있다.

> 당시의 문적을 보면 서원 발기 좌목座目 16인 가운데 15인이 곡물 2곡(1곡 10두)씩을 출연해 이를 토대로 이윤을 모아 서당을 창건하고자 했다. 청계 김진 공은 곡물 15곡(150두), 피목 15필을 출연했다. 이로 볼 때 영산서당의 주창主唱과 창건에는 청계 김진 공이 중심에 있었음을 알 수 있다. 당시 영양은 영해부에 속해 있어 수령이 없었던 탓에 인구가 적고 토속이 미개하고 향풍이 부진해 예문禮文이 뒤떨어져 있었다. 김수일이 작성한 서당계첩문에는 "산중이라 적막하여 한 사람도 예문을 창기하지 않아 산천의 부끄러움이었다. 노선老仙께서 고을원으로 오셔서 향사의 모임을 가질 수 있었다." 라고 기록되어 있다. 이로써 본 서당을 창건한 뒤 춘추로 향회를 열어 강론했음을 짐작할 수 있다.

서원이 준공된 것은 1578년이다. 그 무렵 김수일은 내앞마을에서 집안의 대소사를 비롯해 문중과 향중의 일을 맡고 있었는데, 아버지의 별업이 있는 영양 청기를 오가면서 보좌 역할을 수행했던 것이다. 그러다가 1580년에 아버지 김진이 숨을 거두자 묘소 옆에 여막을 짓고는 죽으로 연명하면서 3년간 곡哭을 하느라 생명이 위태로울 지경에 이르렀다고 한다.

이후 1583년 56세 때 유일로 천거되어 자여도찰방에 제수되었다. 당시 그는 벼슬에 뜻이 없었으나 임금의 배려와 은혜를 저버릴 수 없어 오래된 지병으로 성치 않은 몸을 이끌고 벼슬길에 올랐다. 그러나 부임지로 가던 중 병이 위중해져 객관에서 숨을 거두었다. 향년 56세였다. 저술로는 『귀봉일고』가 있으며 사빈서원泗濱書院에 아버지 김진을 비롯해 형제들과 함께 제향되어 있다. 슬하에 장남 운천 김용과 차남인 대박大朴 김철金徹(1569-1616)을 두었는데, 차남은 후사를 두지 못한 백부 약봉 김극일에게 양자로 가서 청계종가의 혈통을 이었다. 첫째 딸은 영해 출신의 해월 황여일과 혼인했고 둘째 딸은 박수근에게 출가했다.

2) 운천 김용, 의리와 도리의 삶

운천雲川 김용金涌(1557-1620)은 아버지 귀봉 김수일과 어머니 한양조씨 사이에서 장남으로 태어났다. 당시 아버지가 처가 터전인 일직면 귀미에 살고 있었기 때문에 김용 역시 그곳에서 출생했다. 그는 깊은 배려심에 바탕을 둔 아버지 김수일의 자기희생적인 삶을 보면서 올곧은 품성을 길렀는데, 어머니 한양조씨도 집안 여성들의 본보기가 될 정도로 베풂과 배려의 삶을 실천한 것으로 전한다. 김용은 "우리 형제들이 화목한 가정을 이루고 연이은 과거 급제로 경사가 계속된 것은 평소 어머니께서 적선積善을 베풀어 오신 덕분이다."라고 회고했다. 또 "어머니는 선친께서 돌아가시자 상심이 큰 나머지 울음을 그치지 않다가 목숨이 위태로운 지경에 이르기도 했다."라고 기록하고 있다. 그리고 "내가 녹봉을 받아 어머니께 축수祝壽의 술잔을 올릴 때마다 홀로 영광을 누리는 것을 슬퍼하셨다."라고 애달픈 심정을 토로했다.

유년 시절에는 숙부들로부터 수학했는데, 특히 숙부 학봉 김성일(1538~1593)은 "우리 가문의 희망은 너에게 달려 있다."라고 칭찬할 정도로 김용의 총명함과 글재주를 높이 평가했다. 그래서 김용 역시 김성일을 존경하고 흠모하면서 큰 영향을 받은 것으로 전한다. 14세 때는 『논어』 20편을 한 글자도 틀리지 않고 외웠는데 이를 기특하게 여긴 조부 청계 김진이 김용에게 보검 한 자루와 전답[文章畓] 3두락, 옥피리[古笛]를 상으로 주었다고 한다. 보검은 신라 시대의 왕검 '창포검菖蒲劍'인데, '문장검文章劍'이라고도 한다. 훗날 이 보검을 김용이 셋째 아들 경재敬齋 김시정金是楨(1579~1612)에게 주었고, 김시정이 다시 자신의 아들 경와敬窩 김휴金烋(1597~1638)에게 물려줬으나 한국전쟁 때 유실된 것으로 전한다.

1573년 김용은 17세 때 퇴계 이황의 손녀 진성이씨와 혼인했다. 1575년에는 장남 김시주金是柱가 태어났고, 이듬해 1576년에는 차남 김시건金是楗이 출생했다. 그리고 1579년에는 3남 김시정金是楨과 4남 김시릉金是棱이 한 해에 태어나는 경사가 잇따랐다. 이어 1582년에는 5남 김시상金是相이 태어났고, 1588년에는 6남 김시과金是果가 출생했다. 이 중 '문장검'을 물려받은 3남 김시정은 남다른 영특함을 지녔다고 한다. 김시정이 8세일 때, 아버지 김용이 그에게 수반水盤에 꽂힌 석창포石菖蒲를 갖고 노는 물고기에

대해 시를 지으라고 하자,

맑은 바람이 푸른 줄기를 흔드니	清風動翠莖
한 쌍의 물고기가 물에서 뛰네	一雙魚躍水
누가 알았으랴 수반 안에서	誰知一盆中
하늘의 이치를 완상할 수 있을 줄	足以玩天理

이라고 읊었다. 그러자 김용은 "이 아이의 명석함이 놀랍다." 하고는 김시정에게 보검을 물려주었다고 한다. 문장검은 운천종가의 4대 보물 중의 하나로, 신라 경순왕이 사용했던 것으로 전한다. 그 외 운천종가의 보물로는 옥피리[古笛]·연하침煙霞枕·매화연梅花硯(혹은 매죽연梅竹硯)이 있는데, 현재 한국국학진흥원에 기탁·보관되어 있다.

1580년에는 조부 김진이 숨을 거두었고, 이어 1583년에는 아버지 김수일이 자여도찰방에 제수되어 부임지로 가는 길에 지병이 악화되어 갑자기 세상을 뜨는 시련을 겪기도 한다. 아버지의 3년상을 마친 김용은 향시 장원을 하고, 1590년 34세 때는 문과에 급제한다. 이는 백부 약봉 김극일(1546), 숙부 학봉 김성일(1568)과 남악 김복일(1570)에 이은 네 번째 경사였다. 김용은 1591년 여름에 승문원부정자에 임명되어 관직 생활을 시작했으며, 임기를 마친 후에는 예문관검열에 제수되는 등 왕의 두터운 신임을 받았다. 하지만 얼마 지나지 않아 천연두에 걸려 자리에 눕게 되는데, 증세가 점점 악화되자 선조가 신하를 보내 "하늘의 두터운 은혜를 받은 몸이니 생명에는 지장 없을 줄 믿으나, 단지 아름다운 그대의 용모가 상할까 염려된다."라는 말을 전하니, 주변 사람들이 영광으로 여겼다고 한다.

1592년 김용은 병세가 위중해진 탓에 치료를 위해 고향으로 내려왔는데 그해 4월에 임진왜란이 일어난다. 그는 신병 치료 중임에도 불구하고 "이런 상황에 어찌 구차하게 목숨을 연명하려고 하는가."라고 하면서 아우 김철과 함께 왜구 토벌에 앞장섰다. 당시 안동 도산의 퇴계 선생의 집에는 안집사安集使 백암 김륵이 왕명을 받들고 와서 머물고 있었는데, 6월 1일에 김용은 금역당琴易堂 배용길裵龍吉·예안현감 오봉梧峰 신지제申之悌 등과 의병 결성을 논의했고, 이후 안동에 세 갈래의 창의군이 조직되었다. 김용은 8월에 김륵의 추대를 받아 안동 수성장守城將이 되어 의병을 모집하였는데, 그의 모병문募兵文은 당시 명문으로 회자되었다. 그 일부를 옮기면 다음과 같다.

> 어가御駕는 파천하고 궁성은 함락되어 12대 선왕先王이 몽진하고 백성들이 무참히 죽어 시신이 땅을 뒤덮고 있다. 우리가 금수禽獸라면 상관이 없다. 하지만 군부君父의 안위를 염려하고 왜적들과 한 하늘 아래에 살 수 없음을 깨닫는다면 한 번 죽기를 각오하고 일어서야 하지 않겠는가! 나 용涌 등이 여러 달을 와신상담하며 목숨 바치기를 주저하지 않는 것은 진실로 의리가 있기 때문이고, 그저 죽기만 하는 것은 어떠한 도움도 되지 않는다고 생각하기 때문이다. …(중략)… 그래서 지금부터는 죽느냐 사느냐, 도적을 쳐부수느냐 부수지 못하느냐로 결판날 것이다. 국가를 위한 충성에

녹을 먹은 사람과 먹지 않은 사람이 어찌 다름이 있겠는가. 성공하면 귀신이나 사람이나 원한을 씻을 수 있을 것이요, 성공하지 못하더라도 덧없이 허무하게 죽는 것보다 부끄럽지 않을 것이다.

당시 김용은 "사람이라면 임금의 안위를 걱정하는 것이 마땅하기에 기꺼이 목숨을 던져 국가에 힘을 보태야 하고 이것이야말로 의리에 바탕을 둔 영예로운 행동"이라며 의병 활동에 동참할 것을 호소했다. 이후 그는 1년간 안동 지역 의병을 지휘하면서 왜구에 맞서 싸웠다. 그러던 중 1592년 9월 숙부 학봉 김성일이 경상좌도 감사를 거쳐 우도 감사에 임명되어 진주성으로 갔는데, 이듬해 4월에 지병이 악화되어 숨을 거둔다. 평소 존경하고 흠모했던 숙부가 운명을 달리했으나 김용은 안동 수성장으로서 왜군과의 전쟁을 지휘하고 있었기 때문에 진주로 향하지 못했다. 훗날 그는 비통했던 당시의 애잔한 심정을 떠올리며 숙부를 향한 그리움의 제문을 써 내려갔다.

…

한 해 넘게 군대에 종사하면서	從軍歲餘
변방까지 임금 수레 호위하느라	扈駕天涯
염습할 때 관 옆에 있지 못했고	殮未憑棺
장사 때는 상차에 있지 못했네	喪未居次
천 리 먼 길 고향으로 돌아오니	歸來千里
어느새 장사 치르고 일 년 지났네	倏經一祀
무덤 위에 묵은 풀 황량해졌고	宿草已荒

따스했던 숙부 얼굴 뵐 길 없네 溫顔莫承
애통한 마음 이루 말할 수 없고 余懷之痛
태산이 무너져 버린 것 같네 泰山之崩
통곡해도 이내 슬픔 다할 수 없고 哭不盡哀
말을 해도 이내 심정 다할 수 없네 言不盡情

김용이 숙부 김성일의 죽음을 애도하며 지은 제문(「숙부 학봉 선생을 애도하는 제문[祭叔父鶴峯先生文]」)의 일부이다. 초상을 치를 때 가지 못한 것을 죄스러워하며, 생전에 따스하고 인자했던 숙부의 얼굴을 떠올리면 애통한 슬픔이 밀려든다는 내용이다.

1593년 7월 김용은 선조가 파천播遷해 있는 평안도 강서현 행재소行在所에 부임해 예문관검열 겸 춘추관기사관의 신분으로 임금을 호종했고, 8월에는 예문관대교에 제수되었다가 9월에 봉교로 전보되었으며, 겨울에는 성균관전적으로 승진하고 같은 날 병조좌랑으로 옮겼다. 이때 그는 당시의 일과를 기록한 『호종일기扈從日記』 3책을 남겼다. 이 책은 임진왜란 때 의주로 피난한 선조를 호종하며 쓴 일기로, 1593년 8월부터 이듬해 1594년 6월까지, 선조와 조정의 동향과 여러 논의에 대해 보고 들은 사실을 기록한 사초史草 모음이다. 표제表題는 『운천선조호종일기雲川先祖扈從日記』로, 천天·지地·인人의 3책으로 구성되어 있다. 10개월이라는 짧은 기간의 기록이지만 방대하고 상세한 내용을 수록하고 있어 제1차 사료로서 의미가 매우 크다. 이러한 사료적 가치에 의해 '임진왜란기의 승정원일기'라는 별칭으로 불리기도 한다. 대한민국 보물로 지정되었으며, 현재 한국국학진흥원에 기탁·보관되어 있다.

1594년에 김용은 사간원정언에 세 번이나 임명되었다. 여론의 추이를 임금에게 전달하는 사간원의 역할을 고려할 때, 김용의 올곧은 품성과 공정에 바탕을 둔 의리 정신에 매우 부합한 직책이라고 할 수 있다. 이어 1595년에는 사간원헌납이 되고 그해 2월에 홍문관부수찬지제교 겸 경연검토관·춘추관기사관이 되었다가 3월에는 사헌부지평에 임명되었다. 또 4월에는 이조정랑 겸 춘추관기주관이 되어 인사를 처리하는 업무를 맡기도 했다.

1597년 왜구가 다시 침략해 영남체부종사관이 되었을 때, 당시 영남체부사였던 오리梧里 이원익李元翼이 "참으로 능통한 재능을 가진 사람이다."라고 칭찬할 정도로 김용은 뛰어난 업무 역량을 인정받았다. 1598년 겨울에는 사헌부집의와 홍문관교리 겸 경연시독관을 거쳐 독운어사督運御史가 되고 또 종묘령에 올랐다. 그러다가 전쟁이 끝난 뒤 서애 류성룡의 실각 등 영남 남인의 정치적 입지가 축소되면서, 김용 역시 서인의 탄핵을 받아 외직으로 밀려나게 된다. 1599년 김용은 선산부사로 부임하게 되는데, 선산은 왜구가 내왕하는 통로였던 까닭에 전쟁 피해가 매우 심각했다. 이로 인해 선산은 백성들의 삶이 피폐해지고 풍속과 사회 질서가 붕괴되어 혼란한 상태였다. 김용은 민생을 살피면서 폐단을 바로잡고 향교를 중수하는 등 향촌 사회의 풍속을 선도하는 데에 힘을 쏟았다. 또 선산 출신의 야은冶隱 길재吉再를 모신 사당이 임진왜란을 겪는 가운데 퇴락하자, 자신의 봉급을 털어 중수하기도 했다.

1603년에는 제용감정과 군자감정 등에 부임했다. 이듬해 1604년에는 직강·집의·사예를 거쳐 상주목사에 부임하게 되었는데, 어머니를 모시고 배를 타고 갈 때 하회마을을 지나면서 서애 류성룡을 찾아뵙고 인사를 드리니 류성룡이 "부모님을 이렇게 기쁘게 해 드리니 참으로 영광스러운 일이다. 옛날 나도 상주목사로 갈 때 이렇게 했으나 지금은 어머니가 계시지 않으니 어찌하리오."라고 하며 눈시울을 붉혔다는 이야기가 전한다.

1605년에는 임진왜란 때의 공적을 인정받아 선무원종공宣武原從功에 책록되었고, 1606년에는 예천군수가 되었다. 이어 1609년에는 홍주목사에 부임했으나 어머니의 병환이 위중해져 고향으로 돌아왔고, 1610년 2월에 모친상을 당했다. 이 무렵 김용은 가정적으로 연이은 슬픔을 겪게 된다. 1596년에는 차남 김시건을 잃었고, 1609년에는 5남 김시상이 역병으로 숨을 거두었으며, 이듬해 1610년에 모친상을 당한 뒤 3년상을 마친 1612년에는 3남 김시정을 잃었다. 이처럼 김용은 어머니를 여의고 아들 여섯 가운데 4형제(임란 중 잃어버린 6남 시과를 포함해서)를 떠나보내는 비통함을 겪던 중, 1613년에 장남 김시주가 문과에 급제했다는 기쁜 소식을 접했다. 그리고 김용 자신은 봉상시정 겸 편수관이 되어 실록청에서 『선조실록』의 편사 업무에 참여한다. 이후 실록 편수에 대한 공훈으로 통정대부의 품계에 오르고 병조참의에 제수되었다.

1616년 2월에는 여주목사에 임명되어 60세라는 고령에도 불구하고 임지로 향했다. 그러나 1617년 7월에 장남 김시주가 숨을 거두자, 김용은 휴가를 청해 고향으로 돌아왔다. 사실 그는 장남을 잃은 슬픔과 자신의 지병으로 인해 벼슬을 그만두고 귀향하고자 했다. 또 광해군이 왕위에 오르면서 영창대군이 죽임을 당하고 1618년에 인목대비가 유폐되는 등 어수선한 시국을 지켜보고는 "윤강倫綱이 끊어지고 천리天理가 사라졌다."라면서 세상을 향한 마음을 스스로 차단했다. 당시 이런 배경하에 김용은 사직소를 올렸으나, 여주 고을민들이 감영으로 달려가 만류하고 경기감사 역시 김용의 사직을 수락하지 않은 탓에 잠시 휴가를 얻어 돌아왔다. 하지만 집으로 돌아온 뒤 다시 사직을 신청해 마침내 허락받기에 이른다. 그러고는 아버지 김수일의 별업이 있던 일직 귀미에 잠시 머문 뒤 임하현리와 임하고산·백운정 등에서 말년을 보낸다. 그러던 중 병조참의와 명나라 파견 업무 동지하사冬至賀使 등에 제수되었으나 신병을 이유로 거절했는데, 당시의 심경은 다음의 시에 잘 나타나 있다.

사은부사 제수 소식을 들었으나 병석에서 일어나지 못해 감회를 읊다[聞除謝恩副使病未起身感而書此]

병든 지 삼 년이라 격세지감 들던 중	抱病三年疑隔世
만 리 길 가서 황제 배알할 은혜 내리셨네	蒙恩萬里許朝天
힘을 다해 충성함이 미천한 신하의 소원이지만	鴻毛一擲微臣願
몸속 깊이 파고든 병마를 누가 고쳐 주리오	誰解膏肓二竪纏

고향에 돌아온 김용은 초가집 한 칸 지을 경제적 여력이 없었다. 중앙 요직을 비롯해 수많은 벼슬을 거쳤지만, 강직하고 올곧은 품성으로 인해 재물을 모으는 데는 관심을 두지 않았기 때문이다. 이런 이유로 김용은 비바람에 흔들리는 허름한 집에서 거처했으며, 머리에는 두건을 쓰고 명아주 지팡이를 짚고 다녔다. 당시 그는 마땅한 거처도 없이 옮겨 다니다가 1620년에 백운정으로 돌아와서 다음과 같은 감회의 시를 남겼다.

설날 아침 백운정에 돌아오니 감흥이 있어서[元朝還白雲亭有感]

우습구나, 이리저리 떠도는 나그네 可笑東西客
어느 때에 침석이 편안해질 것인가 何時枕席寧
살아온 햇수 육십사 년 가득 찼고 行年滿易卦
쇠한 치아는 서너 개만 남았구나 衰齒損台星
병을 피하면 또다시 찾아들고 逃病病相覓
곤궁을 쫓아도 어느새 머무르니 送窮窮自停
차라리 옛집으로 돌아와 不如歸舊宅
바위 빗장 잠그는 게 낫겠네 牢鎖一巖扃

김용은 64세라는 고령에도 불구하고 집 한 채 마련하지 못하고 아버지 김수일이 지은 백운정으로 돌아오게 되는데, 조카 표은瓢隱 김시온金是榲(1598–1699)은 「묘지명墓誌銘」에서 숙부의 삶을 다음과 같이 회상하고 있다.

선생은 천성이 호탕하고 풍채가 준수하고 몸가짐이 올곧아 모든 이들이 감복하면서 교유하기를 원했다. 벼슬에 올라서는 법도에 맞게 자신을 단속하면서 물처럼 담백하게 행동했다. 남에게 청탁하는 일이 전혀 없었으며 업무에 임해서는 흔들리지 않았고 법을 집행함에 있어서는 확고한 신념으로 엄중히 처리했다. 벼슬에서 물러난 후에는 마루에 발을 드리우고 종일토록 책을 읽으면서 속세의 정치는 절대 입에 담지 않았다. 타인의 장단점을 지적하는 것을 좋아하지 않는 탓에 술자리에서 시비를 벌이는 사람과는 어울리지 않았다. 집에 있을 때는 효성과 근신으로 어버이를 섬기고 죽은 이(조상) 섬기기를 산 사람처럼 하셨다. 아우들과 우애 있게 지내며 고아들 돌보기를 친자식처럼 대했다. 거처할 때도 안색을 바르게 하고 큰 소리로 말하고 웃는 일을 삼가고 기상이 늠름해 근접하기 힘들었다. 자제들을 가르칠 때는 "글을 읽으면서 몸소 실천하지 못한다면 그것은 공허한 말에 불과하다."라고 했다. 항시 햇살 밝은 창가에 앉아 서책 속의 옛사람을 대하면서 즐거워했다. 집안일에 무심했던 까닭에 양식이 자주 떨어졌으나 조바심 내지 않고 태연한 모습을 유지했다. 평생 저택을 짓지 않아 일정한 거처 없이 좋은 산수를 만날 때마다 그곳에 우거하셨다. 그러면서 우리나라 명현들의 유산기遊山記와 시를 모아 책으로 엮은 다음 아침저녁으로 감상하면서 와유臥遊의 자료로 삼고 『촉령록矗泠錄』이라고 이름 지었다. 중년이 되어 혼란한 정세를 지켜보고는 깊이 은거하기로 결심한 뒤 깨달음의 본원本源에 대해 침잠하셨다. 그래서 자제들에게도 "내가 젊을 때부터 유학에 뜻을 두었으나 중간에 세월을 헛되이 보내고 말았다. 이제 비로소 고개를 돌려 늘그막에 수습하고 싶지만 이미 노쇠해 버렸으니 후회막급이다. 너희는 자신의 내면을 향한 착실한 공부로 나의 허물을 덮어 다오."라고 당부하셨다. 만년에 백운정으로 돌아와 쉬면서 학문에 심취해 도道와 덕德이 날로 높아지니, 비록 옛날의 명현이더라도 어찌 이보다 낫겠는가.

내용을 보듯이 김용은 그야말로 담백하고 올곧은 품성을 가졌다. 그래서 출세욕이나 물욕 등에는 일절 관심을 두지 않아 살림은 늘 궁핍했다. 이처럼 자신을 위해서는 극도로 절제된 삶을 살았지만, 조상을 받들고 부모를 섬기고 아우를 챙기고 부모 잃은 고아를 보살피는 데는 배려를 아끼지 않았다.

1620년 10월 17일, 김용은 백운정에 기거하던 중 병세가 악화되어 자리에서 일어나지 못하게 된다. 그는 "내 병은 약으로 나을 병이 아니다."라면서 "나는 맹자가 말씀하신 '곤궁하더라도 의를 잃지 않고[窮不失義], 현달해도 도를 벗어나지 마라[達不離道]'라는 8자를 평생 가슴에 담아 왔다. 너희들도 이것을 마음에 새겨 두고서 잊지 말라."라는 유계를 남겼다. 그로부터 이틀 뒤 10월 19일에 숨을 거두었다. 사후 1892년에 임진왜란 때 의병을 일으킨 공로를 인정받아 이조판서로 추증되었다. 유림에서는 임호서원臨湖書院을 창건해 김용을 제향하면서 그의 덕을 추모했다. 저술로는 『운천집』 6권 4책이 있다. 문집의 서문은 권해權瑎, 행장은 옥천玉川 조덕린趙德鄰, 묘지명墓誌銘은 조카 표은 김시온, 묘비명은 미수眉叟 허목許穆, 신도비명은 이재頤齋 권연하權璉夏가 각각 지었다.

2 가족과 삶, 가통 수립에 힘을 쏟다

운천종가의 혈통적 뿌리는 청계종가에 있다. 청계 김진의 조부 김만근金萬謹은 임하현 일대에 강력한 기반을 가진 해주오씨 오계동吳季童의 사위가 되면서 내앞[川前] 마을 인근의 임하에 정착하고, 그의 차남 김예범金禮範이 임하현에서 내앞마을로 옮겨 온 것으로 전한다. 김예범의 장남이 청계 김진이고, 그의 아들 5형제 중 차남이 귀봉 김수일이며 그의 장남이 바로 운천 김용이다.

김용의 조부 청계 김진은 내앞 의성김씨의 중흥조로 불린다. 그의 아버지 김예범은 차남이었던 까닭에 분가를 하면서 새로운 가문을 형성했다. 이런 이유로 김진은 명문가로서 사회적 위상을 드높이기 위해 가문의 정체성을 수립하는 일에 힘을 쏟는다. 그래서 임하면 일대와 영양 청기면, 강원도 강릉의 금광평 등에 토지를 개간해 족적族的 확장을 위한 기반을 마련하고, 또 자제 교육에도 각별한 노력을 기울여 아들 5형제가 모두 사마시에 합격하고 3형제는 대과에 급제하는 쾌거를 이루면서 가문의 위상을 구축해 갔다.

이처럼 청계 가문의 높은 사회적 위상은 김용에게도 큰 자부심이 되었을 것이고, 이에 그 역시 가통 수립에 큰 관심을 가졌을 것이다. 즉 조상을 섬기고 부모를 돌보는 효행을 실천함으로써 가문의 혈통적 정체성을 세우고, 가학 전승을 통해 가문의 학문적 정체성을 공고히 하고, 조상들의 삶과 가르침을 이어 감으로써 가문의 정신적 정체성을 수립해 갔을 것이다.

1) 백운정에 깃든 사친思親의 정

백운정白雲亭은 청계 김진을 거쳐 귀봉 김수일에 이르러 완성되었다. 김수일은 혼인을 한 뒤 처가 터전인 일직 귀미에 자리 잡았는데, 1567년 아버지 김진의 부름을 받고 내앞마을로 돌아와서 벼슬길에 나가 있는 형 김극일을 대신해서 집안일을 돌보게 된다. 그런데 거처가 마땅하지 않아 조부 김예범이 만년에 기거했던 한송정寒松亭에 머물던 중 이를 안타깝게 여긴 김진이 마을 건너편 기슭에 자신이 세웠던 부암서당傅巖書堂 터를 주었고 김수일은 1568년에 백운정을 지어 거처로 삼았다.

백운정에서 내려다본 내앞마을

'백운白雲'은 당나라 적인걸狄仁傑이 지은 "높은 산에 올라 흰 구름 바라보니, 그 아래 그리운 부모님이 계시네[登高山望白雲思親在其下]"라는 시구에서 따온 것이다. 실제로 백운정 마루에 오르면 내앞마을과 청계종가를 비롯해 서북쪽으로 개호송 너머 비리실(비리곡)에 위치한 김수일의 조부이자 김진의 부친인 김예범의 묘소가 보이는데, 이런 이유로 그는 적인걸의 시구에 깊은 공감을 하면서 이름을 지은 것으로 보인다.

제백운정題白雲亭

절벽 깎아 푸른 봉우리에 정자 지으니	鑿壁開亭翠巘頭
눈을 씻은 듯 밝고 고운 강과 산	江山明媚拂人眸
햇살 비친 거울 같은 물에 물고기 헤엄치고	日臨鏡面魚紋動

구름 걷힌 하늘에는 기러기 떼 날아가네　雲捎天心雁字稠
고을 원님 노래하며 경치를 북돋우니　百里遊歌曾物色
뜰 한 켠 풀꽃들도 아름답게 빛나네　一區花草亦光休
술동이 마주하니 즐거움 한없지만　知有樽前無窮樂
자손들이 유령처럼 취할까 걱정이네　祗恐兒孫醉似劉

위의 시는 백운정에 대해 읊은 최초의 작품으로, 청계 김진이 지었다. 1568년 김수일이 백운정을 세운 뒤 손님들을 초청해 잔치를 베풀었는데, 아버지 김진이 그 광경을 흐뭇하게 바라보면서 시를 지은 것이다. 이처럼 백운정은 비록 김수일의 소유였지만, 가족 모두가 향유했던 청계 가문을 대표하는 역사·문화적 공간이라고 할 수 있다.

상을 마치다[終喪]

상 마친 뒤 무슨 심정으로 집에 돌아갈까　喪後何心歸弊廬
백운정에서 한 달 남짓 머물러 있었네　野亭彌月且僑居
…

학봉 김성일이 아버지의 3년상을 치른 뒤 지은 시의 일부분이다. 그의 『연보』(1582)에도 "6월에 복服을 마치고 중씨仲氏 귀봉 공과 함께 백운정에서 기거했다."라고 기록되어 있다. 또 주석에는 "정자는 천전 남쪽의 부암 위에 있는데, 판서 공이 자리를 잡았고 귀봉 공이 지은 것으로, 북쪽으로는 가묘家廟를 마주하고 있으며 남쪽에서는 산소를 바라볼 수 있다."라고 설명되어 있다. 그리고 "상을 마친 후에도 집으로 돌아가지 않은 것은 슬픔이 가시지 않아 그 추모하는 정성을 다하고자 함이다."라고 덧붙여 있다.

백운정에서 짓다[白雲亭作]

온 집안이 더위를 피해 와서	全家來避暑
날마다 소나무 그늘에 앉아 있네	日日坐松簷
산 비는 그쳤다가 다시 내리고	山雨止還作
강물은 줄었다가 다시 불어나네	江波減復添
늙은 아내는 공들여 갈옷을 만들고	老妻工製葛
어린 딸은 발 엮는 솜씨가 제법이네	幼女解鉤簾
만 리 밖에서 불어오는 시원한 바람	萬里天風至
맑고도 한가함을 나 홀로 겸하였네	淸閑我獨兼

김수일의 맏형 약봉 김극일이 지은 총 4수 중 제2수의 시다. 가족들이 더위를 피해 백운정에서 지내는 모습이 상세히 묘사되어 있다. 김수일 역시 「강가 정자에서 문득 읊다[江亭偶吟]」라는 시에서 "재주 있는 자질子姪들이 틈틈이 와서 『주역』을 읽고, 큰형님 술잔 들고 시를 읊조리네"라고, 백운정에서 펼쳐지는 가족들의 단란한 모습을 묘사하고 있다. 이런 점에서 백운정은 아버지 청계 김진과 아들 5형제, 또 그 자손들의 혈연공동체적 유대감이 투영되어 있는 공간이라고 할 수 있다.

아울러 김극일의 손자이자 김수일의 종손자인 표은 김시온

(1598-1699)은 "백운정은 찰방 공이 지으셨다. 만년에 돌아오셔서 이곳에서 사셨다."(『표은집』)라고 했으며, 김극일의 5대손 제산 김성탁 역시 "처음에 우리 선조 청계 공께서 부암 남쪽의 골짜기에 초가 한 채를 짓고 마을 학동들을 가르치셨다. … 백운정은 청계 공께서 처음 터를 잡으셨고 둘째 아들 귀봉 공께서 지으신 것이다. … 대대로 정자를 소유한 사람은 운천 공의 자손들이다."(『제산집』)라고 했듯이, 백운정은 세대를 초월해 기억·향유되는 내앞 의성김씨의 혈통적 정체성을 담고 있는 공간으로 인식되고 있다.

운천 김용 역시 1617년 여주목사에 재직하던 중 장남 김시주의 사망을 계기로 귀향한 뒤, 아버지의 별업이 있던 일직면 귀미와 임하 등지에 기거하다가 노년이 되어 백운정으로 돌아와 그곳에서 숨을 거두었을 정도로 백운정은 각별한 장소이다.

강가 기슭 손바닥만 한 밭이지만	江上原田掌樣平
집마다 해만 뜨면 김매고 밭을 가네	家家日出事耘耕
노인이 정자에 한가로이 앉아 바라보니	老人閑坐亭中望
푸른 물결 샛노란 구름 차례로 생긴다네	翠浪黃雲次第生

위의 시는 김용이 지은 「백운정 팔경白雲亭八景」 중 제3수이다. 백운정에 한가로이 앉아 노년을 보내는 그의 모습이 잘 묘사되어 있다. 김용은 아버지 김수일과 마찬가지로 세속적 영달보다는 안빈낙도의 삶을 추구했는데, 그러면서 백운정에 깃든 조부와 아버지, 숙부들의 삶과 정신을 되새기는 차운시를 남기기도 했다.

백운정에서 조부 청계 선생의 시에 삼가 차운하다[白雲亭敬次王父靑溪先生韻]

백운정 정자는 청산 꼭대기에 있으니	白雲亭子翠微頭
구름이 오가며 얼마나 눈에 넣었으려나	雲去雲來幾入眸
물 위에 비친 그림자 비단을 펼쳐 놓은 듯	潭影悠悠飄練闊
산은 밝고 깨끗한 옷으로 자주 갈아입네	山容皓皓變衣稠
가지각색 구름과 바람에 감회 깊어지니	萬千氣像還多感
하루 내내 그리움 잠시라도 그치랴	十二時思詎暫休
여기 앉고 누워서 노래하고 또 운다면	坐卧於斯歌又哭
하늘을 집 삼는 유령 신세 면하겠지	吾知免矣幕天劉

조부 청계 김진이 지은 「제백운정題白雲亭」(72~73쪽 참조)에 대한 차운시다. 「제백운정」에는 절벽 중턱의 푸른 봉우리, 거울처럼 맑은 강물에 헤엄치는 물고기, 구름 한 점 없는 맑은 하늘의 기러기 떼, 뜰 모퉁이의 화초 등과 같이 주변의 자연환경이 상세히 묘사되어 있다. 이처럼 백운정에 대해 읊은 시들의 공통점은 한결같이 경관의 아름다움을 노래하고 있다는 사실인데, 이는 제산 김성탁이 작성한 「백운정 중수기」에도 잘 나타난다.

백운정은 임하구곡臨河九曲 중 하나이다. 내앞마을과 강 사이로 수백 걸음의 거리에 있으니 살림집의 연기와 호롱불빛이 맞닿으며 사람들 말소리가 가까이 들리는 듯하다. 세속의 경계와 가까운 장소에 있어 특별할 게 없을 것 같으나 막상 정자에 오르면 맑고 세찬 강물이 아래위로 굽이치며 흐르고 있고, 길게 뻗은 모래톱이 이어지며, 드넓은 들판과 줄지은 봉우리가 둘러싸고 있다. … 임하구곡 중에서 선유정의 풍광만이 백운정과 견줄 수 있을 뿐, 나머지는 모두 이에 못 미친다.

백운정 주변은 『영가지』에 자주 등장하는 임하구곡에 속하는데, 조선 시대의 화가 이종악李宗岳(1726–1773)이 그린 〈운정풍범雲亭風帆〉에도 백운정과 개호송·내앞마을이 묘사되어 있다. 백운정은 임하구곡 가운데 제1곡이고, 선유정仙遊亭은 제8곡이다. 임하구곡은 낙동강 반변천 건너에 있는 백운정으로부터 상류를 거슬러 길안면 용계리의 선유정 일대에 이르는 반변천 양쪽 기슭을 일컫는다. 이곳에는 내앞 의성김씨의 역사·문화유적이 분포해 있는데, 첫 시작이 백운정이고, 마지막이 선유정을 포함한 도연폭포 일대인 것이다.

백운정과 선유정은 내앞마을 주변에 전승되고 있는 의성김씨 문화유산 중에서 가장 의미깊은 장소로 인식되고 있다. 선유정은 원래 길안면 용계리 도연폭포 상류에 자리하고 있었으나 한국전쟁 때 소실되었고, 1987년 임하면 임하리에 재건되었다. 청계 김진이 학문을 연마하기 위해 세웠으며, 그가 아들 5형제를 데리고 자주 드나들던 내앞 의성김씨의 수기修己 장소였다. 이처럼 백운정과 선유정은 주변의 수려한 풍광으로 감흥을 일으켰던 곳이며, 선비들의 위기지학을 위한 이상향의 장소이기도 했다.

김용 역시 차운시에서 백운정을 둘러싼 경관의 아름다움을 강조하면서 조부를 향한 그리움을 표출하고 있다. 그런가 하면

마지막의 "하늘을 집 삼는 유령 신세 면하겠지"라는 구절은 조부의 「제백운정」이라는 시에서 "술동이 마주하니 즐거움 한없지만, 자손들이 유령처럼 취할까 걱정이네"라는 경계의 시구에 화답하는 말이다. 즉 술동이를 앞에 두고 마냥 취하지 않고, 마루에 누워서 시를 짓고 읊조리는 삶을 보낸다면 '하늘을 집 삼는' 것처럼 정신을 잃을 정도로 술에 취하는 일은 없을 것이라는 뜻이다. 조부 김진은 김용이 14세 때 『논어』 20편을 한 글자도 틀리지 않고 암송하자 집안 대대로 전해 오던 문장검(창포검) 등을 물려줄 정도로 각별한 애정을 베풀었다. 이런 이유로 김용은 만년에 백운정을 드나들면서 조부와의 생전 기억을 떠올리며 차운시를 지었을 것으로 생각한다.

백운정에서 아버지의 시에 삼가 차운하다[白雲亭敬次先韻]

사친당 푸른 강가 가로질러 누웠는데	思親堂枕碧河湄
송대 위에 핀 난초 백 척 높이 위태롭네	蘭逕松臺百尺危
가까이서 모시고 따르던 때 엊그제 같은데	陪杖從遊如昨日
뽕나무도 공경한다는 『시경』 구절 읊어 보네	瞻桑必敬感周詩
언덕 위 백운정에는 누가 편히 사는가	白雲在隴誰怡悅
책장 가득한 서책은 덕을 닦기 족하다네	黃卷盈牀足礪砥
더구나 우리 조부 밝은 경계 남기셨으니	況我先翁遺炯戒
술잔 잡을 때라도 이 마음 어찌 놓겠는가	此心寧放把杯時

아버지 김수일의 「강가 정자에서 문득 읊다[江亭偶吟]」(54쪽 참조)

에 대한 차운시다. 김용은 백운정을 '사친당思親堂' 즉 '어버이(조상)를 그리워하는 공간'이라고 했다. 그만큼 백운정은 조부 김진과 아버지 김수일을 비롯해 숙부들의 삶과 정신이 깃들어 있는 장소임을 강조하는 표현이라 할 수 있다. 특히 "가까이서 모시고 따르던 때 엊그제 같은데"라는 구절에서는 생전의 아버지 모습을 그리워하는 사친思親의 심정이 잘 드러나고 있다. 그러면서 아버지가 마주했던 고향의 사물을 우러러본다는 뜻을 가진 "뽕나무도 공경한다는 『시경』 구절 읊어 보네"라고 묘사함으로써 그리움과 더불어 존경심을 보이기도 한다. 한편 "더구나 우리 조부 밝은 경계 남기셨으니, 술잔 잡을 때라도 이 마음 어찌 놓겠는가"라는 구절은, 조부 김진이 지은 「제백운정」이라는 시의 "술동이 마주하니 즐거움 한없지만, 자손들이 유령처럼 취할까 걱정이네"에 대한 답구로, 조부의 우려를 마음 깊이 새기겠다는 다짐과도 같다.

백운정에서 숙부 학봉 선생의 십이영을 차운하다[白雲亭敬次叔父鶴峯先生十二詠]

하룻밤 사이 서리가 내리자　新霜一夜落
사방의 산에 가을빛 기묘하네　四山秋容奇
옥거울 홀연히 공중에 걸리니　玉鏡忽懸空
마치 은자와 기약이나 한 듯　似與幽人期
정신 맑아져 잠을 이룰 수 없고　魂清夢不成

몸이 고요하니 마음은 절로 편하네　　體靜心自怡
비 갠 하늘빛 차가운 강물에 비치는데　　霽色照寒水
강줄기 굽어보니 그리운 곳 있네　　臨江有所思

숙부 학봉 김성일의 「백운정 열두 경치를 읊다[白雲亭十二詠]」의 총 12수 가운데 제1수 '추월秋月'에 대한 차운시다. 김성일의 원시原詩는 다음과 같다.

구름 걷혀 하늘 더욱 높아지고　　雲收天益高
낙엽 지니 산은 다시 기묘해지네　　木落山更奇
밝은 달 어느새 홀연히 떠오르고　　明月忽飛來
밝은 빛 약속이나 한 듯 비치네　　皎然如有期
은자 빈방에 홀로 앉아　　幽人坐虛室
그림자 어르니 절로 즐겁네　　弄影聊自怡
거문고 끌어다가 한 곡 뜯으며　　瑤琴彈一曲
천 리 먼 길 쓸쓸히 서로를 그리네　　千里空相思

은자隱者는 아버지 귀봉 김수일이 평생을 지향해 온 삶이다. 김수일은 생원시에 합격을 하고 향시 장원을 하는 등 기대를 한 몸에 받았으나, 두 아우와 함께 대과 응시를 위해 한양에 갔을 때 아우 운암 김명일의 지병이 악화되어 사망하는 바람에 대과를 포기하고 아우의 운구를 끌고 고향으로 돌아왔다. 그러고는 벼슬길에 올라 타지에 나가 있는 형을 대신해 집안일을 돌보면서 백운정에서 책을 읽고 시를 짓고 음악을 즐기고 자연을 벗하는 은자로서의 삶을 보냈다. 이에 아우 학봉 김성일은 백운정에서 펼쳐지는 형님의 삶을 부러워하면서 시를 지었는데, 이 외에도 김성일은 「백운정에서 새벽에 일어나 구름을 보다[白雲亭曉起看雲]」·「백운정 열두 경치를 읊다[白雲亭十二詠]」·「꽃밭에서[花壇]」 등과 같이 백운정에 관한 많은 시를 남겼다.

김성일은 유년 시절부터 남다른 총명함과 글재주를 보인 김용에게 "우리 가문의 희망은 너에게 달려 있다."라고 칭찬할 정도로 각별한 애정을 보였다. 김용 역시 숙부 김성일로부터 많은 영향을 받으면서 존숭과 흠모의 마음을 갖고 있었다. 그러던 중 1592년 김성일이 경상우도 감사에 부임해 진주성에서 왜군과의 전투에 임했는데 갑자기 지병이 악화된 탓에 이듬해 4월에 숨을 거둔다. 당시 김용은 존경하던 숙부의 상을 당했지만, 안동에서 수성장의 신분으로 전투를 지휘하고 있었기 때문에 진주로 향하지 못했다. 그리고 1년이 흘러 숙부의 죽음을 새삼 떠올리면서 애통함과 비통함을 담은 제문을 지었고, 또 생전 숙부의 삶과 행적을 기록해 둔 「학봉선생언행록」을 작성하기도 했다. 언행록은 김성일의 행장行狀 집필을 요청하기 위한 기초자료 즉 가장家狀이었다. 그래서 김용은 생전의 숙부를 떠올리며 삶의 행적을 더듬어 갔는데, 『운천집』에 수록된 단편 저작 중에서 가장 방대한 분량을 차지하는 것이 「학봉선생언행록」이다.

2) 내앞 의성김문의 정체성 수립

운천종가의 뿌리는 청계 가문이고, 삶의 터전은 내앞마을이다. 이런 이유로 김용은 고향으로 돌아와서 가문의 사회적 위상을 확립하는 일에 힘을 쏟는데, 특히 혈통의 정통성을 공고히 하기 위해 숭조崇祖의 중요성을 강조·실천한다.

한식에 선영을 성묘한 후 감회가 있어[寒食日拜掃先壟有感]

매번 선영에 오르면 눈물이 비 오듯	每當登壟淚潸潸
고맙게도 동풍이 내 얼굴 씻어 주네	多事東風拂我顔
까마귀의 이런 심정 누가 알아줄까	烏鳥此情誰會得
내림에 왔다가 경산으로 돌아가네	内林來又景山還

조부 청계 김진과 아버지 귀봉 김수일의 묘소는 경출산에 자리하고 있다. 이런 점에서 경출산은 청계 가문의 정신적 구심 공간이라고 할 수 있다. 그래서인지 김용은 "매번 선영에 오르면 눈물이 비 오듯"이라고 하면서 선영을 둘러보며 조부와 아버지에 대한 그리움과 애통함의 눈물을 흘렸다고 읊고 있다.

내앞 의성김씨의 정체성 수립을 위한 기획은 청계 김진으로부터 시작되었다. 그의 아버지 김예범은 차남인 까닭에, 당대에는 가문으로서의 정체성이 아직 정립되지 않은 상태였다. 이에 김진은 명문가로서 위상을 구축하기 위해 가풍家風을 수립하고 결속력을 강화하고자 숭조의 중요성을 강조한다. 공동체의 결속력

강화를 위해서는 중심을 이루는 구심점의 존재가 필요하다. 이때 조상 제사의 수행을 통해 혈통적 결속력을 도모하는데, 김진 역시 평소 자녀들에게 "제사를 삼가 받들지 않으면 조상께서 흠향하지 않으신다. 집이 흥하고 망하는 일은 제사를 받드는 것에 달려 있다. 어찌 제사를 받들지 아니하면서 그 복을 누리고자 하는가?"라고 숭조의 중대함을 설명했다.

1619년 김용은 4남 김시릉과 손자 김휴(3남 김시정의 아들)를 우복愚伏 정경세鄭經世(1563-1639)에게 보내어 조부 청계 김진의 묘갈문 작성을 요청하고, 이듬해 1620년 8월에는 묘비를 건립한 뒤 묘지墓誌를 묻었다. 이처럼 그가 조부 김진의 삶과 행적을 조명한 것은 내앞 의성김씨의 족적族的 기반을 공고히 하고 학문적 토양을 제공한 조부의 업적을 선양함과 동시에 혈통의 정체성을 세우기 위함이라고 할 수 있다. 아울러 50여 년 전 자신에게 문장검을 비롯해 3대 보물을 건네주면서 기대감을 내비쳤던 조부에 대한 일종의 보은이기도 했다.

아버지 제삿날에 아뢰는 글[先府君諱日告辭]

아, 우리 고향은	嗟我鄉曲
전쟁이 난 지 몇 년 만에	亂離幾年
집은 무너지고 곡간도 비어 있고	家殘業空
편한 날이 없었습니다	莫枕無日
어머니와 아우를	有母有弟

산장에 피신시키고 于彼山莊
선조의 사당을 옮겼으나 載遷先祠
향불 또한 끊겼습니다 香火亦絶
어찌하다 저 불초자는 如何不肖
조정에서 벼슬살이하느라 繫官于朝
나랏일에 어려움이 많아 國事多艱
사사로운 정을 감히 돌아보지 못했습니다 私情敢顧
지방의 감찰관으로 分臺闕下
관서 지방을 감독하느라 督運關西
고향 선영은 아득하게 丘原渺然
몇천 리나 떨어졌습니다 隔幾千里
세월이 흘러 흘러 歲序遷易
휘일에 다시 이르렀기에 諱日乃臨
은혜를 추모하고 감사하는 마음이 追恩感時
지금에 이르러 더욱 간절합니다 到此罙切
보잘것없는 제수로 用挹洞酌
작은 정성 드리오니 聊展微誠
마치 바로 앞에 如在洋洋
좌우에 혹은 위에 계신 듯합니다 左右或上
아, 슬프도다 嗚呼哀哉
흠향하소서 尙饗

김용이 아버지 귀봉 김수일의 기일에 지은 시다. 내용을 볼 때 임진왜란이 끝난 1599년 이후에 아버지의 기제사를 모시면서 쓴 것으로 보인다. 전쟁으로 인해 가옥과 논밭을 잃는 등 많은 어려움을 겪었으나 벼슬길에 올라 타지에 머물고 있던 탓에 집안을 살피지 못했고 조상 제사도 제대로 모시지 못했음을 아쉬워하는 내용이다. 그러면서 이런 상황으로 인해 변변치 않은 제물로 정성을 바친다고 고하고 있다. 김용은 「묘지문墓誌文」에서 아버지의 삶과 행적을 다음과 같이 묘사하고 있다.

> 타고난 자질이 총명하고 외모가 단정 엄숙하며 위풍이 있었다. 문장은 거침없이 써 내려갔으며 힘이 넘쳤다. 세속에 굴하는 법이 없었는데, 특히 시詩에 능했다.
>
> 집안을 다스리는 데는 엄정했으며 마음을 베푸는 일에는 너그러웠다. 제사에 성실히 임했으며 무격巫覡을 멀리하니 집안의 풍속이 엄숙했다. 가난한 집 여식을 시집보내고 고아가 된 아이를 길러 주니 친척들이 모두 우러러보았다. 자질子姪들 교육에 힘을 쏟고 후학들을 양성하며, 선행을 좋아하고 악행을 싫어했으며 어떤 일에 닥쳐서는 굳세고 과단함이 있었기 때문에 고을 사람들이 공경하면서도 두려워했다.
>
> 어머니(여흥민씨)를 일찍 여읜 것을 더없는 슬픔으로 여겨 효성과 정성을 다해 아버지를 모셨다. 어진 형제들이 있는 것을 즐겁게 여겨 우애를 돈독히 했다.

위의 글은 김용이 아버지를 위해 지은 묘지문(「선고선무랑자여도찰방부군묘지先考宣務郎自如道察訪府君墓誌」)으로, 작성 연대는 1610년이다. 김용이 기억하고 있는 아버지 김수일은 엄격함과 부드러움을 지니고 있었으며, 시詩에 특출한 능력을 지녔고 효성과 우애를 중요하게 여기는 분이었다. 한편 김용은 숙부 학봉 김성일에게도 존숭과 흠모의 마음을 갖고 있었다. 이들의 각별한 관계는 그의 유년 시절부터 시작되었다. 김용은 『논어』 20편을 한 글자도 틀리지 않고 암송할 정도로 남다른 기억력을 갖고 있었으며 글 짓는 재주도 뛰어났다고 한다. 이에 김성일은 기대와 사랑으로 조카 김용을 대했으며, 그 역시 숙부를 향한 존숭심을 키워 나갔을 것이다.

…

재주는 하늘에서 타고났고	才惟天授
덕은 마음속에서 얻었다네	德是心得
일찍이 가정에서 가르침 받아	早承庭訓
세속 일에는 뜻을 두지 않았네	志絶外紛
퇴계 선생 문하에서 수학했기에	從遊退老
학문의 연원을 갖게 되었네	學有淵源
나아가고자 하는 곳이 올바르고	趨向旣正
실천하는 방향은 독실했다네	踐履又實
대궐에 들어가 중책 맡으니	對策龍墀
나라의 기둥 같은 신하 되었네	作楨王國
예문관에서 명예로운 이름 날렸고	蜚英翰苑
사헌부에서 기강을 진작시켰네	振綱臺閣
임금 앞에서 직언을 올리니	入犯天顔
간신 무리는 넋을 잃어버렸고	姦黨褫魄
어사로 나가 감찰에 임하자	出持霜斧
탐욕스런 관리 벌벌 떨었네	貪夫股慄
…	
조카인 내가 과거에 급제해	姪冒科第
사국에서 직책 맡았을 때	待罪史局
숙부는 왕명 출납 맡고 계셨네	父掌絲綸

둘이 함께 대궐 안으로 들어가	同入禁闥
틈이 나서 곁에 갈 때마다	乘間侍側
날 깨우쳐 주는 말 지극하셨네	誨我切至
받들어 살피면서 모셨네	奉以周旋
그 말소리 귀에 아른거리네	言尚在耳
조카인 내가 객지에 머물다가	姪臥旅舍
역질로 병석에 누웠을 때	遘癘疫疾
숙부께서 의원을 불러와서	公迎良醫
처음부터 끝까지 약 달여 돌보시고	終始治藥
지극한 정성에 하늘도 감동해	至誠所感
죽다가 다시 살아나게 되었네	回命旣絶
그 은혜 날 낳아 준 것과 같은데	恩同生我
보답하려 해도 할 길이 없네	欲報罔極
…	

김용이 숙부 학봉 김성일을 위해 지은 제문(「숙부 학봉 선생을 애도하는 제문[祭叔父鶴峯先生文]」)이다. 전반부에서는 숙부의 인간적 품성과 관료로서의 뛰어난 자질 등을 설명하고 있는데, 이 중 "임금 앞에서 직언을 올리니 간신 무리는 넋을 잃어버렸고"라는 구절이 주목된다. 실제로 김성일은 관직에 있으면서 임금에게 직언을 서슴지 않아 대궐 안의 호랑이[殿上虎]라는 별칭을 얻었는데, 김용은 이런 숙부의 모습을 존숭의 마음으로 바라봤을 것이다. 후반부에서는 자신의 관료 생활을 이끌어 주었으며, 역질에 걸려 병석에 있을 때 몸소 의원을 데리고 와서 돌봐 준 덕분에 살아나게 되었다는 고마움을 말하고 있다.

이처럼 김용은 혈통의 정통성을 수립하기 위해 조부-아버지-숙부로 이어지는 선대의 삶과 정신을 선양하는 일에 노력을 기울였음을 알 수 있다. 이와 더불어 가문의 학문적 전통을 확립하는 일도 중시했는데, 대표적인 것이 서원 건립이다. 내앞 의성 김씨에서는 1568년에 임천서당臨川書堂을 창건한다. 당시 김용은 12세의 어린 나이였기에 아버지를 비롯한 숙부들이 주된 역할을 담당했다. 임천서당은 연암사緣巖寺라는 사찰 터에 건립되었는데, 현재 안동시 임하면 임하리 969번지 일대이다. 그러다가 1607년에 학봉 김성일을 제향할 사우가 필요하다는 향중 여론에 의해 서당의 부속건물을 개조해 존현사尊賢寺를 세워 김성일의 위패를 봉안한 뒤 임천정사臨川精舍라고 개칭했다. 이후 경상좌도 유림을 중심으로 추진된 서원 설립 운동으로 기존의 존현사를 중건하고 1618년에 임천서원臨川書院으로 개칭하게 된다. 이는 당시 안동부사로 있던 한강寒岡 정구鄭球(1543~1620)가 중심이 되어 추진되었는데, 운천 김용도 주도적 역할을 담당하면서 「임천서원에 학봉 선생을 봉안하는 글[臨川書院奉安鶴峯先生文]」을 지었다.

가문의 정체성은 세거지의 주변 경관을 통해서도 드러난다. 대표적인 것이 종택과 정자, 서당과 서원 등인데, 이를 문화경관이라고 한다. 김용 역시 자신들의 세거지인 내앞마을의 경관을 조성하기 위해 노력해 왔다.

개호의 소나무를 보호하자는 논의에 붙이는 서문[開湖種松禁護議序]

> 개호開湖에 소나무를 심은 것은 선대로부터 일찍이 몇 차례 있었으나 화재와 홍수로 푸른 나무가 없어진 지 이미 10년이 넘었다. 마을에 사는 자손으로서 어찌 무심한 채로 있을 수 있겠는가. 이제 마을의 군자들이 모여서 "온 마을의 하인들을 징발하여 천여 그루의 나무를 심으면 선조들의 뜻을 저버리지 않을 것이며, 또 제대로 숲을 지키지 못한 우리의 죄까지도 면할 수 있을 것으로 생각한다."라고 결의했다. 나 김용金涌은 술잔을 들고 "오늘 소나무를 심지만 훗날 다시 불에 탈까 두려우며 소와 양이 밟아 버릴까 두렵습니다. 불을 피우는 행위를 금하지 않고 소와 양을 풀어놓는 행위를 금하지 않는다면, 오늘 우리가 심은 소나무도 모두 없어질 것이니, 지난날 차마 마음을 가눌 수 없었던 때와 무엇이 다르겠습니까. 우리 마을 사람들이 조상을 공경하는 마음이 있고 그 조상의 뜻을 계승해야 한다고 생각한다면 그 마음을 다해야 할 것이니, 어찌 서로 함께 힘쓰지 않겠습니까."라고 외쳤다.

개호송開湖松은 내앞마을 입향조인 김만근이 마을 입구이면서 수구水口인 서쪽의 부족함을 보강하기 위해 조성한 소나무숲인데, 마을을 보호하는 일종의 비보裨補 역할을 하고 있다. 위의 인용문은 몇 차례에 걸친 화재와 홍수로 인해 숲이 유실되었기에 1천 그루의 소나무를 심고 보존과 유지에 노력하자는 일종의 규약으로, 1615년에 김용이 추진한 이른바 개호송 복원 프로젝트인 셈이다. 이처럼 개호송은 외부로부터 바람을 막아 주는 실제적인 기능과 더불어 액운을 차단해 주는 종교적 기능을 수행하고 있는 내앞 의성김씨의 역사·문화적 상징 경관이라고 할 수 있다. 이에 김용은 조상들이 조성해 둔 개호송을 복원하는 것은 마을이라는 공간적 의미를 넘어 자신의 혈통적 뿌리인 조상의 뜻과 정신을 계승하는 것이라고 인식했다.

김용은 가문의 정체성을 확고히 다지기 위해 가문의 중흥조이자 조부인 청계 김진, 아버지 귀봉 김수일과 숙부들의 삶과 행적을 조명했으며, 이어 가문의 터전인 내앞마을의 경관 조성에 힘을 쏟았다. 그런데 가문의 사회적 위상은 단절되지 않고 자손 대대로 영구히 계승해 가는 것이 가장 중요하다.

자손에게 경계하다[戒子孫]

가문의 흥망성쇠는 자손을 보고 아는데	門户興衰視子孫
자손의 현명함은 가장에게 달려 있다네	子孫賢否係家尊
우러러 생각건대 선대에 명성이 드러난 것도	仰惟先代身名顯
어버이의 돈독한 가르침 덕분이었으리라	猶在親庭教誨敦
나를 돌아보매 어른 된 것이 스스로 부끄러우니	顧我自慚爲若長
누가 공손스럽게 내 말을 받아들일까	有誰能敬受吾言
음식으로만 공양하는 것은 순수한 효성이 아니니	但供飮食非純孝
선조를 이어 다시 가문을 일으키기를 바라노라	願繼先人再起門

위의 시는 김용이 자손들을 향해 당부하는 일종의 훈계이다. “가문의 흥망성쇠는 자손을 보고 아는데”라는 구절은 가문의 대외적 위상이 자손 여하에 달려 있다는 것이고, “자손의 현명함은 가장에게 달려 있다네”라는 구절은 자손의 미래에 아버지의 교

육이 큰 영향을 미친다는 뜻이다. 그러고는 조상들의 명성에 누가 되지 않도록 가문의 위상 정립에 노력해 주기를 당부하면서 끝을 맺고 있다.

3 관직과 삶, 청렴과 올곧음을 가슴에 품다

운천 김용은 1590년에 문과 급제를 했다. 이는 청계 가문에서 백부 김극일(1546), 숙부 김성일(1568)과 김복일(1570)에 이어 네 번째 경사였다. 그는 문과 급제 이후 1591년 여름에 권지승문원 부정자에 보임되어 관직 생활을 시작했다. 그런 다음 예문관검열을 거쳐 1592년에 임진왜란이 일어나자 안동 수성가장守城假將에 임명되어 왜군과 맞서 싸웠는데, 이때 모병문募兵文을 지어 의병 모집에 나섰다. 그해 9월에는 숙부 김성일이 경상우도 감사에 임명되어 부임지로 가는 길에 잠시 고향 선영을 찾아 인사를 올린 뒤 출발하려고 할 때 숙부를 만나고자 서둘러 달려온 김용과 길에서 마주쳤다. 그러자 김성일은 "속히 부진府鎭으로 돌아가라. 향병을 앞장서서 이끌되 헛되이 죽지 말라."라는 당부를 남기고 길을 나섰는데, 김용은 아쉬움을 뒤로 한 채 숙부를 향해 엎드려 절을 하며 작별 인사를 올렸다. 그리고 이듬해 1593년 4월 진주에서 전해 온 김성일의 부음을 듣고도 부진을 벗어날 수 없어 숙부에게 마지막 인사를 드리지 못했다. 아마도 당시 김용은 '부진을 비워 두지 말라'는 숙부의 당부를 가슴 깊이 새겨 둔 까닭에 비통한 슬픔에도 불구하고 안동 부진을 굳건히 지켰을 것이다.

그해 8월 김용은 예문관대교에 제수되었고 9월에는 예문관봉교로 전보되었는데, 앞서 예문관검열의 경력까지 포함하면 한림 3직을 모두 거친 셈이다. 예문관 소속 관원은 춘추관기사관을 겸직하면서 사초史草를 작성하고 시정기時政記를 찬술하는 임무를 맡은 사관으로, 정7품 봉교 2명을 비롯해 정8품 대교 2명, 정9품 검열 4명이 있다. 이들은 2인 1조를 구성해 2교대로 근무하면서 국사가 논의되는 장소마다 참여해 내용을 기록했다. 조참早參과 상참常參 등의 회의를 비롯해 왕과 신하가 만나는 윤대輪對, 왕의 수업 시간인 경연, 그리고 중신회의와 백관회의 등 국사와 관련된 곳에는 반드시 참석했다. 당시 탐욕만 부리고 업무를 게을리하는 재상이 있었는데, 김용은 조금의 주저함도 없이 사실에 근거한 내용을 기록했다. 그러자 주위 사람들이 '통쾌하다'며 감탄했다고 한다. 재상은 2품 이상의 고위 관료임에도 불구하고 전혀 위축되지 않고 자신에게 주어진 임무를 수행한 그의 올곧은 성품이 잘 드러나는 대목이다.

1594년에는 사간원정언 겸 세자시강원사서를 거쳐 선교랑봉상시주부에 임명된 후 다시 사간원정원에 제수되었다. 그해 5월에는 뜻하지 않은 사건이 발생한다. 이에 관한 상세 내용은 김용의『연보』에 다음과 같이 기록되어 있다.

> 기축년(1589)의 역변逆變 후에 권세를 잡은 간신이 덫을 놓고 함정을 파 놓아 사림의 추증을 받고 있던 최 처사가 액운에 걸려들어 역당으로 지목되고 감옥에 갇혀 기한飢寒으로 죽었다. 대신들이 모두 숨을 죽인 채 감히 발설하는 사람이 없었는데, 신묘년(1591)에 학봉 선생이 임금과의 경연에서 처음으로 그의 억울한 실상을 아뢰고 나서 최 처사의 관작을 복구하라는 임금의 명이 있었다. 이때 선생(김용)은 대사헌 김우옹金宇顒, 집의 이수광李晬光, 장령 기자헌奇自獻, 지평 심원하沈源河와 박승길朴承吉, 대사간 이개李檗, 부제학 김륵金玏 공과 삼사三司 합계合啓로 논한 뒤 11월에 임금의 윤허를 받았다. 당시 선생(김용)이 상소문을 작성했다.

기축년의 역변이란 정여립 역모 사건을 말한다. 이로 인해 기존의 권력 구도가 동인에서 서인으로 넘어가는데, 이때 많은 동인측 사람들이 처벌을 받게 된다. 이를 기축옥사己丑獄事라고 한다. 화를 당한 사람 가운데 최영경은 죄인들의 국문鞫問 과정에서 나온 길삼봉이라는 인물로 지목되어 억울하게 처벌된 사람이다. 당시 죄인들을 문책할 때 "역적모의 때 길삼봉이 상장군이 되고 정팔룡과 정여립이 그다음이다."라는 말이 나왔으나, 인상착의 등이 최영경과 전혀 달랐음에도 불구하고 평소 최영경과 친분이 있던 정여립이 그에게 보낸 「두류산에서의 약속」이라는 편지를 빌미로 억울한 죽임을 당한 것이다. 이처럼 정여립 역모 사건으로 시작된 조사는 약 3년 동안 진행되었고, 그 과정에서 1천 명 이상이 화를 당했다. 그리고 1591년 사건이 마무리될 무렵 관료들은 최영경의 무고함을 알고 있었지만, 서인이 권력을 장악하고 있는 상황에서 서로 눈치만 살피고 있을 뿐이었다. 그러나 학봉 김성일은 임금과의 경연에서 최영경의 억울한 죽음을 알렸고, 김용이 주변의 협조를 받는 등 최영경의 관직 복원을 위해 실질적인 역할을 수행했다.

이로써 김용의 강직함은 서서히 주변에 알려지기 시작했는데, 1595년 4월 이조좌랑에 제수되었다가 곧바로 이조정랑으로 승진했을 때 송호松湖 조정립趙正立은 다음과 같이 말했다.

> 내가 지금까지 이조낭관이 된 사람들을 모두 잘 아는데, 청렴 정직하여 감히 범할 수 없는 사람은 오직 김도원(김용)과 정경임(정경세) 두 사람뿐이었다. 김도원이 일찍이 나를 보러 왔을 때 마침 이웃 외직에 보임된 무관이 있었는데, 그가 말하기를 "이조의 서리들이 찾아와서 뇌물을 요구하다가 김도원이 오는 것을 멀리서 보고는 모두 놀라서 도망가고는 두 번 다시 오지 못했다."라고 했다. 자신이 엄정하지 않고서야 남에게 이렇게 할 수는 없을 것이다.

이조는 관리의 인사를 담당하는 부서로, 오늘날 행정안전부와 유사하다. 문반文班에 대한 인사권을 장악하고 있기 때문에 육조 중에서 가장 강력한 힘을 가진 기관이라고 할 수 있다. 특히 이조는 관리들의 근무 성적을 평가하는 까닭에 이런저런 청탁이 많은 편이다. 그럼에도 김용은 청렴하고 정직한 성품으로 조금의 흔들림 없이 공정하게 업무를 처리했던 것이다.

1597년에는 도체찰사 오리梧里 이원익李元翼이 영남으로 내려와서 군사를 체찰할 때 김용을 천거해 종사관으로 삼았는데, "김모(김용)는 참으로 강직한 보좌관[强佐]이다. 그래서 모든 사안은 반드시 그에게 의견을 구한다."라고 칭찬했으며, 실제 김용이 처리한 업무를 받아 보고는 "참으로 재주에 통달했다."라며 기뻐했다고 한다. 이원익은 영의정이라는 높은 관직에 올랐음에도 불구하고 소박한 초가집에 살던 조선의 대표적 청백리였다. 이처럼 평소 청렴하고 검약한 그는 잠방이(홑바지) 하나로 외직 생활을 보낸 탓에 낡고 헤진 곳이 많았다. 이에 고을 원이 새 잠방이를 드리려고 하자 이원익은 단호히 거절했는데, 어느 날 잠방이를 세탁할 때가 되었을 때 김용이 이원익이 입고 있던 잠방이를 일부러 빌려 달라고 하고는 새 옷을 드렸다. 그러자 이원익은 "이 옷은 다른 사람이 아니라 김모(김용)가 주는 것이므로 받아도 무방하다."라면서 입었다고 한다. 이처럼 조선 최고의 청백리로 알려진 이원익에게 두터운 신임을 받을 정도로 김용의 품성은 올곧음 자체였다고 할 수 있다.

김용은 비록 고관대작을 지낸 적은 없으나 청렴과 정직을 앞세운 공정한 업무 처리로 주변으로부터 존숭의 대상이 되었다. 1606년 성균관사예에서 예천군수로 임명되어 길을 떠나기 전에

윤승훈尹承勳 상공에게 작별 인사를 하려고 집을 방문했는데, 그가 신발도 신지 않은 채 김용을 맞이했다고 한다. 이에 아들과 사위들이 "아버님께서 정승에 오른 뒤 다른 사람을 대할 때 오늘 같은 모습은 처음 뵈니, 괴이하기 짝이 없습니다."라고 의아하게 여기자, 윤 상공은 "너희들은 김모(김용)가 우리나라 최고의 인물이라는 소문을 듣지 못했느냐? 너희들에게는 김모(김용)가 예천 수령 정도로 보일지 모르겠으나, 나는 김모(김용)에 충분히 걸맞은 대우를 했을 뿐이다."라고 답했다.

1613년에는 내직으로 들어가 봉상시정 겸 편수관이 되어 『선조실록』 편찬에 참여했는데, 이때 역시 기록할 것은 쓰고 불필요한 것은 거침없이 삭제하는 공정한 자세를 취했다. 또 당시 서애 류성룡이 북인 측의 무고를 당해 억울한 누명을 쓸 지경에 처했으나, 김용은 철저한 실상에 근거해 다음과 같이 자신의 원칙을 설명했다.

> 선왕의 실록을 수찬함에 있어 보전寶典을 만들어 후대에 확실하게 전하고 만세까지 고치지 않도록 하려면 사실에 근거하고 거짓이 없어야 합니다. 그래서 어떤 일은 마땅히 삭제해야 하고 어떤 일은 마땅히 기록해야 할 것인데, 더구나 서애西厓 상공은 덕업이 혁혁하고, 사람들의 이목이 있어 속일 수 없음에도 지금의 사신史臣들은 현저히 낮추거나 높이고, 비방하고 속여서 없는 허물을 만들어 내고 있습니다. 이것이야말로 사실에서 벗어나고 또 미덥지 못하니 진정 사필史筆이 아닙니다.

이 말을 들은 제조提調 기자헌奇自獻은 김용이 기록한 내용을 살펴보고는 공정하고 사사로움이 전혀 없는지라 감복하면서 "선왕 때의 일을 잘 아는 사람 가운데 조정에 남아 있는 자는 두어 명일 뿐인데, 그중 김모(김용)가 으뜸이다."라며 칭찬을 아끼지 않았다고 한다.

> 부평富平에 의심스러운 옥사獄死가 있어 여러 해가 지나도록 해결하지 못했는데, 평소 강건하고 현명하다는 각 읍의 수령조차도 모두 해결하지 못했다. 감사가 이를 임금에게 보고하자, 광해군은 이 문제를 해결할 사람이 누구인지를 물으니, 조정의 신하들은 봉상시정 김모(김용)가 가장 적합하다고 답했다. 이에 김공(김용)이 임금의 명을 받들어 부평으로 가서 몇 마디 말로 간단하게 판결을 끝내니, 조정의 관료가 모두 경탄했으며 도내 백성들도 신통하다고 칭송했다.

위 내용에 나오듯이 투옥 중이던 죄수가 숨을 거두었는데, 사망 원인이 명확하지 않아 흉흉한 소문이 돌았다. 이에 지방 수령들이 문제 해결에 나섰으나 매듭을 짓지 못했고, 감사가 이 사실을 임금에게 보고하게 된다. 그러자 광해군은 신하들에게 적임자를 묻고 만장일치로 김용을 추천함으로써 간단하게 마무리했다는 이야기다. 당시 김용은 종묘제향 등의 국가 제사와 시호諡號를 관리하는 봉상시奉常寺를 맡고 있었기 때문에, 업무적으로는 위의 사건과 관련이 없는 셈이었다. 그럼에도 평소 공정하고 엄정한 업무 처리를 인정받아 임금이 직접 그에게 명령을 내리고, 김용은 이 사건을 간단하게 해결한 것이다.

허씨許氏 성을 가진 지평현감砥平縣監이 광해군의 처족妻族이라며 공(김용)에게 와서 "영남관찰사 자리가 비었는데, 해당 부서에서 의논 중이니 내가 공(김용)을 위해 힘써 보려 합니다."라면서 의향을 물었다. 세 번을 물어도 선생(김용)이 정색한 채 전혀 대응하지 않자 수령이 얼굴을 붉히면서 물러갔다.

위의 내용은 이른바 채용 비리에 관한 것이다. 1615년 때의 일인데, 당시 김용은 병조참의에 제수되었고 얼마 후 특별히 지제교를 겸하게 된 상황이었다. 따라서 정3품 참의에서 종2품의 관찰사로 상승 이동할 수 있는 기회였음에도 불구하고 김용은 대응조차 하지 않았던 것이다. 그의 올곧고 강직한 성품이 잘 드러나는 사례라고 볼 수 있다.

길을 떠날 때 행장이 단출하여 사계화四季花(해당화) 화분 두 개만 있을 뿐이었다. 그래서 고을의 남녀노소가 강가에서 전송하면서 탄복하기를 "직접 눈으로 보고 귀로 들은 사람 중에서 이 어른처럼 청렴한 이가 없었다."라고 하며 그 자리에 오래 서 있다가 흩어졌다.

선생은 관직 생활을 하면서 청렴과 근신으로 자신을 지키며 털끝만큼의 재물도 탐하지 않아 벼슬을 그만두고 집에 도착한 날부터 매번 양식을 빌려 끼니를 해결해야만 했다.

고을 수령으로 있을 때 자제들이 마을 장인에게 패도佩刀를 만들어 주기를 청하자 "내가 지금까지 여러 고을을 다스렸지만 한 번도 이런 일을 한 적이 없는데, 너희는 어찌 그 모양이냐."라며 크게 꾸짖었다.

김용은 내직에 있을 때보다 선산부사·상주목사·예천군수·홍주목사·여주목사 등 외직으로 나갔을 때 몸가짐을 더욱 엄격히 했다. 상하 직급에 따른 서열 체계가 확고한 중앙 관직과 달리 수령은 한 고을을 관리하는 최고의 지위이기 때문에 각종 청탁 등에 휘말릴 위험이 크다. 그러나 김용은 청렴결백한 품성으로 조금의 의혹도 남기지 않았으며, 고을 수령을 그만두고 고향으로 돌아올 때도 가벼운 봇짐 하나만 가지고 있었을 뿐이다.

예천군수에 재임할 때는 서애 류성룡의 부음을 듣고 문상길에 오르려 했으나 소복素服이 없어 주변 사람에게 빌려서 입고 갔다는 일화가 전한다. 또 홍주목사를 역임하고 고향으로 돌아왔을 때는 수행한 군졸이 모시로 엮은 실뭉치를 가득 담은 광주리를 두고 가려고 하자 크게 꾸짖으며 되돌려 보냈다는 이야기도 전한다. 이런 상황이다 보니 살림은 늘 궁핍했고 변변한 초가집 한 채 마련하지 못했다. 그래서 온 가족이 둘러앉은 아침저녁 밥상에는 종종 목맥죽木麥粥(메밀죽)이 놓여 있을 뿐이었다고 한다.

선생은 남들보다 명망이 탁월하고 행실이 고매하고 깨끗했고, 자질은 아름답고 재주는 뛰어났으며 덕은 충분했다. 그래서 세상에 나아갔다면 도를 행하고 시대를 구하는 것이 어렵지 않았을 것이나, 처음에는 전쟁(임진왜란)의 와중에 분주했고 중간에는 모함하고 시기하는 자로부터 배척당했으며, 말년에는 나라가 혼란스러워 간사한 사람들의 음해가 횡행하니 세상을 구하기 어렵고 도는 행해지지 않을 것임을 스스로 깨달았다. 그리하여 임야에 묻혀 가슴에 품은 뜻을 감추고 성정을 수양하며 책을 읽고 도를 담론하면서 심오한 뜻을 구하고자 했다. 또 안으로는 친친親親의 도리를 다하고 밖으로는 종당宗堂을 돈독히 했으며, 정치와 법도를 논하지 않고 남의 장단점을 언급하지 않았으며 고요하고 온화해 모난 구석이 없었다.

위의 글은 옥천玉川 조덕린趙德鄰(1658–1737)이 김용을 위해 지은 「행장」이다. 훌륭한 재주를 지녔고 행실이 올바른 김용이라면 세상에 나아가 도를 펼쳐야 마땅했지만, 전란과 모함 등으로 인해 뜻을 접어야 했던 현실에 안타까움을 토로하고 있다.

오호라	嗚呼
군자의 고장에서	君子之邦
군자의 가르침을 받은	君子之教
군자다운 인물이여	君子之人
노나라에 군자가 없었다면	魯無君子
이 사람이 어디서 이 덕을 취했으랴	斯焉取斯
진실로 그런 사람이 있었다	信有若人

위의 글은 미수眉叟 허목許穆(1595–1682)이 지은 「묘명墓銘」으로, 김용의 삶을 함축적으로 나타낸 상징적 내용이라고 할 수 있다. 이에 따르면 김용은 "군자의 고장인 안동에서, 뛰어난 인물을 다수 배출한 가문에서 교육을 받은 참된 군자"인 셈이다. 또 허목은 「묘갈명」에서도 "공(김용)은 말과 웃음이 적었고 용모가 수려하고 고상했으며, 남의 단점과 조정의 득실을 일절 말하지 않았다. 책 읽기를 즐기고 바깥일에 마음을 기울이지 않았으며, 친한

이를 가까이하고 착한 이를 좋아했으니, 몸가짐과 마음 씀씀이의 올바름을 알 수 있다."라고 했다. 그리고 마지막 부분에서 "어지러운 세상을 만나 세속과 더불어 선량하게 지내면서 재주를 감추고서 삶을 마쳤다. 임종할 때 편안한 모습으로 숨을 거두니, 군자로서 생을 잘 마쳤다고 할 만하다."라고 끝을 맺고 있다.

제4장

종가의 문화유산

종가의
문화유산

1 기록문화유산

운천종가는 고서 373종 824책·고문서 549점·목판류 612점·서화류 5점·기타 4점 등 총 1,994종의 자료를 한국국학진흥원에 기탁했다. 고서 중에는 보물로 지정된 『운천선조호종일기雲川先祖扈從日記』와 『학봉선조진주수성절차鶴峯先祖晉州守城節次』가 포함되어 있으며, 고적·매화연·연하침 등과 같이 가보로 전해지는 유물도 있다. 고문서에는 「1590년 김용의 홍패」 등의 교지 18점 및 성책 182점·간찰 154점·제문 48점·호적 31점·계문 30점·시문 21점·시권 13점·상소 8점·치부기 8점·만사 8점·행장 7점·통문 4점·분재기 3점·명문 3점·완문 1점·입안 2점·홀기 2점·좌목 5점·기타 1점 등이 있다. 목판의 경우 책판이 599점으로, 김용의

『선조유묵』(한국국학진흥원 제공)

문집인 『운천선생문집』을 비롯해 김태중의 문집인 『적암선생문집』 등이 포함되어 있다. 현판은 대부분 백운정과 관련된 것으로 시문판 9점과 편액 4점이다.

1) 주요 고서

(1) 『선조유묵先祖遺墨』(16~17세기, 필사본, 1책)

귀봉龜峯 김수일金守一(1528~1583)과 아들 운천雲川 김용金涌(1557~1620)의 유묵을 엮어 필첩으로 만든 것이다. 김수일의 시와 김용의 위장慰狀 등으로 구성되어 있는데, 시는 가족 간의 화목함과 자손 교육에 노력하도록 당부하는 내용이다. 위장은 주로 이직장李直長에게 보낸 것으로, 초상 소식을 듣고 조의를 전하면서 상례에 대해 자문한 내용이다.

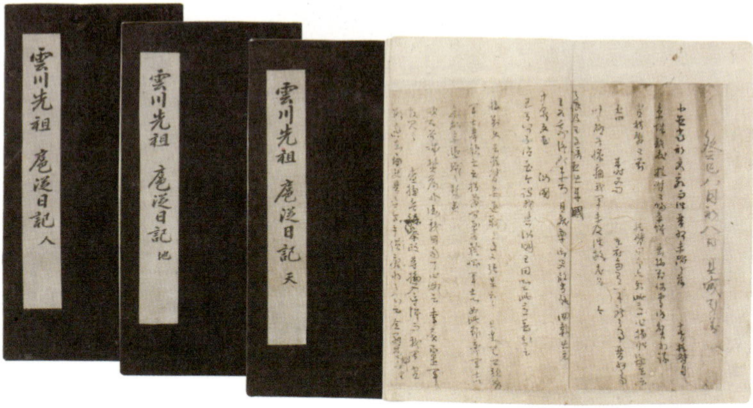

『운천선조호종일기』(한국국학진흥원 제공)

(2) 『**운천선조호종일기**雲川先祖扈從日記』(1593~1594년, 필사본, 3책)

『운천선조호종일기』는 운천 김용이 임진왜란 당시 피난 중인 선조를 호종하면서 보고 들은 사실을 기록한 일기이다. 김용은 임진왜란이 일어나기 직전에 예문관검열 겸 춘추관기사관으로 재직할 때 천연두에 걸려 고향으로 내려와 있었다. 그러던 중 임진왜란이 일어나 안동에서 의병을 모집해 활약하다가 이듬해 1593년 6월 12일 안동을 출발해 7월에 평안도 강서현 행재소에서 임금을 알현하고 복직한다. 1593년 8월부터 1594년 6월까지 임금을 호종하면서 정치·군사·외교·생활 등 당시의 상황을 상세히 기록하고 있다. 특히 이여송李如松·양원楊元·오유충吳惟忠·유정劉綎 등의 명나라 장수 및 군졸들의 생활과 이들을 접대했던 이덕형李德馨·김수金睟·윤두수尹斗壽·심희수沈喜壽·이항복李恒福·심수경沈

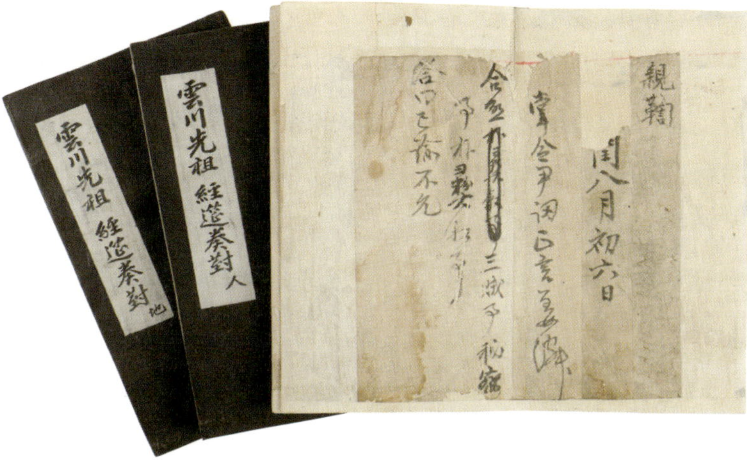

『운천선조경연주대』(한국국학진흥원 제공)

守慶 등의 활약을 비롯해 사서史書에 기록되지 않은 내용 등이 상세히 수록되어 있다. 1925년에 3책으로 엮어졌으며, 1968년에 보물로 지정되었다.

(3) **『운천선조경연주대雲川先祖經筵奏對』**(1615~1616년, 필사본, 3책)

운천 김용이 춘추관 편수관으로 있으면서 작성한 당후일기堂后日記로 1615년 윤8월 6일부터 1616년 6월 18일까지의 기록이다. 당후일기란 승정원주서가 기록한 사초史草를 말하며, 경연에서 임금에게 아뢴 것과 임금의 전교 및 함께 참석했던 관원들의 명단·정치 상황·날씨 등이 수록되어 있다. 광해군 때의 역사 연구와 사초 제작 과정의 파악을 위한 중요한 자료로 평가받고 있다.

(4) 『운천선생문집雲川先生文集』(1898년, 목판본, 문집 5권 3책, 부록 2권 1책)

운천 김용의 문집 5권 3책과 부록 2권 1책으로 구성되어 있다. 그의 현손 월탄月灘 김창석金昌錫(1652–1720)이 1694년 무렵부터 편찬하기 시작했으나 갑술옥사로 인해 중단되었고, 이후 1728년 무렵 본집과 부록 등을 합해 4책의 목판본으로 간행한 것으로 추정된다. 청계 김진의 재실인 경산재景山齋에 보관되어 있던 책판은 1881년의 화재로 소실되어, 1898년에 연보와 세계도를 보완해서 중간한 것이다. 운천종가에서 기탁한 『운천선생문집』은 1898년에 중간한 목판본이다.

문집 본집의 권1, 2에는 시 396수와 부 2편이 실려 있고, 권3에는 소 1편·서書 5편·잡저 1편·서序 2편·교서 1편·전箋 2편 ·상량문 2편이 수록되어 있다. 잡저의 「모병문募兵文」은 임진왜란 때 안동 수성장으로 활약하면서 의병을 모집하기 위해 도내 각 읍에 보낸 격문으로, 김용의 우국충정이 담긴 명문으로 평가받고 있다. 권4에는 제문 28편·묘갈 2편·묘지 3편이 실려 있다. 권5는 언행록으로 숙부 학봉 김성일의 생애·덕행·관력 등이 상세하게 기록되어 있다. 부록의 권1은 세계도와 연보이며, 권2에는 행장·갈문·지문·제문·만사·유묵이 수록되어 있다.

(5) 『운천선생세계도雲川先生世系圖』(19세기 말, 목판본, 1책)

『운천선생문집』의 부록으로 표제는 '선조세계도先祖世系圖'이다. 김용의 직계 선조인 1세 김석金錫으로부터 30세 김시응金時應

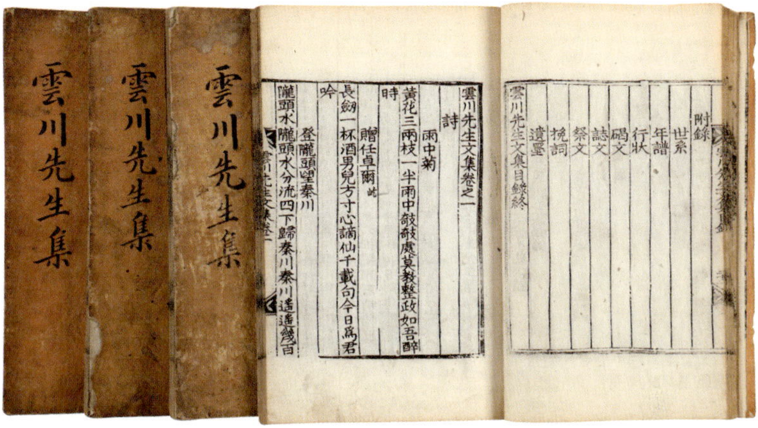

『운천선생문집』(한국국학진흥원 제공)

『운천선생문집』 책판(한국국학진흥원 제공)

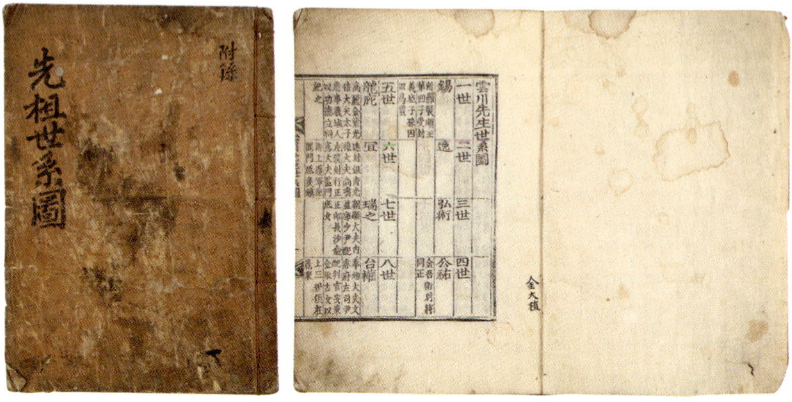

『운천선생세계도』(한국국학진흥원 제공)

(1887~1945)까지의 세계世系가 수록되어 있다. 그 외 김용의 연보와 옥천玉川 조덕린趙德鄰이 쓴 행장이 실려 있다.

(6) **『선무원종공신녹권宣武原從功臣錄券』**(1605년, 목활자본, 1책)

조정에서는 임진왜란이 끝난 1604년에 선조를 의주까지 호종하는 공을 세운 사람들을 호성공신으로 책봉하고, 왜적을 정벌하거나 군량미 조달에 앞장선 사신들을 선무공신으로 삼았다. 그리고 1605년에는 선무공신에서 누락된 9,060명을 선정해서 선무원종공신으로 삼았다. 『선무원종공신녹권』은 이때 녹훈된 원종공신들에게 1부씩 배부된 것이며, 공신도감에서 갑인자체甲寅字體 목활자의 책자 형태로 간행했다.

첫머리에는 '선무원종공신녹권'이라는 문서의 명칭 및 이 문서

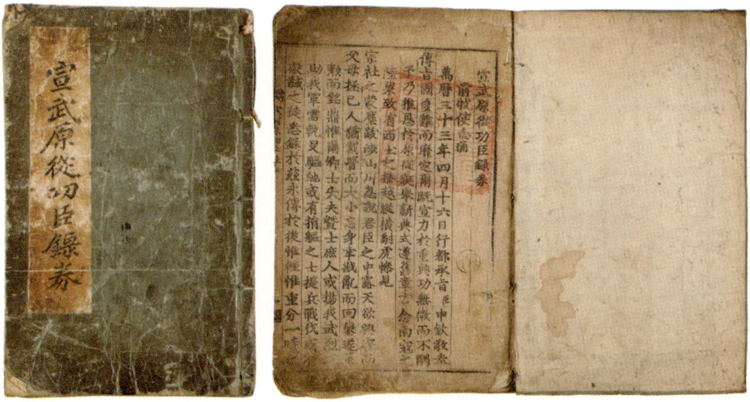

『선무원종공신녹권』(한국국학진흥원 제공)

를 발급받는 개인의 신분과 성명이 기재되어 있다. 그리고 1605년 4월 선조가 도승지 신흠申欽을 통해 공신도감에 내린 선무원종공신 녹훈의 전지傳旨가 실려 있다. 전지에는 "나라가 국난을 당해 위기에 처하자 경대부나 사서인 할 것 없이 무열武烈을 선양하고 군수軍需를 도왔다. 이에 경중에 따라 공로를 구분하고, 자손만대에 알리도록 선무원종공신에 녹훈한다."라는 내용이 실려 있다. 이어 1등·2등·3등의 공신 명단이 기재되어 있고, 각 등급의 명단 끝에 이들에게 부여하는 특권 내용이 수록되어 있다. 마지막에는 이항복을 비롯한 4인의 당상, 2인의 낭청, 1인의 감교낭청 등 공신도감 관원 명단이 명시되어 있다. 당시 운천 김용은 선무원종공신 2등에 책록되었다.

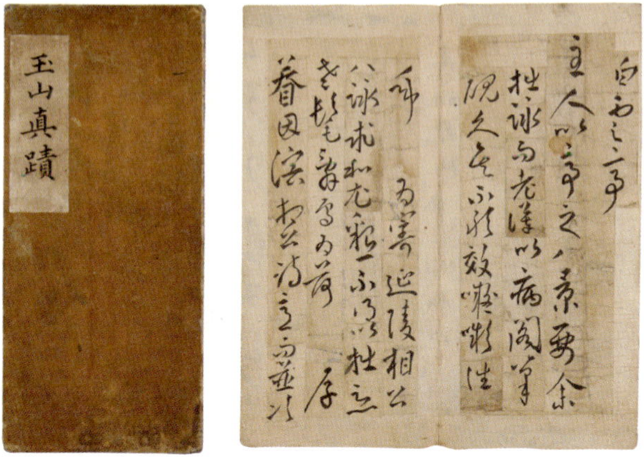

『옥산진적』(한국국학진흥원 제공)

(7) 『옥산진적玉山眞蹟』(16~17세기, 필사본, 1책)

율곡 이이의 동생인 옥산玉山 이우李瑀(1542~1609)의 필첩이다. 이우는 사절四節이라고 불릴 정도로 시詩·서書·화畫·금琴에 뛰어난 재능을 갖고 있었다. 김용은 '긴 숲에 내리는 가랑비[長林微雨]', '평평한 강 위의 맑은 달[平江霽月]', '약산에 피는 저녁 봉화[藥山夕烽]', '기봉에 떠오르는 새벽 해[岐峯曉日]', '동쪽 교외에서의 농사일[東郊稼穡]', '북녘으로 돌아가는 나그네[北還行旅]', '먼 봉우리에 비치는 석양[遙岑返照]', '외딴 포구에서 노니는 물고기[別浦游魚]' 등 8가지 표제로 「백운정 팔경」을 지어 오봉五峯 이호민李好閔과 이우에게 보냈다. 이에 이호민이 「백운정 팔경에 대해 예천의 김용을 위해 짓다[白雲亭八景爲金醴泉涌賦之]」를 지어 이우에게 화답시를 요청하자 이우가 차운해서 쓴 것이다.

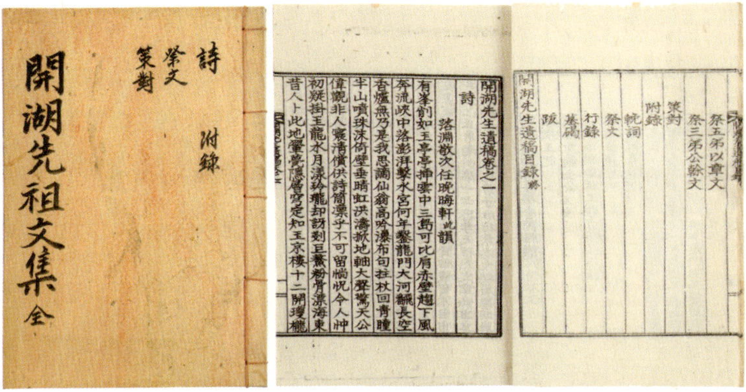

『개호선조유고』(한국국학진흥원 제공)

(8) 『개호선조유고開湖先祖遺稿』(1966년, 석인본, 2권 1책)

운천 김용의 장남인 김시주金是柱(1575–1617)의 시문집이다. 1966년 후손들에 의해 2권 1책의 석인본으로 간행되었다. 시 84수, 제문 5편, 대책 1편, 부록으로 만사 2수, 제문 4편, 행록 1편, 갈음기 1편 등으로 구성되어 있다. 김시주의 10대손 김병문金秉文이 쓴 서문과 권말에 김시주의 10대손 김화식金和植의 발문이 있다.

(9) 『경재유고敬齋遺稿』(1868년, 목활자본, 1책)

운천 김용의 셋째 아들인 김시정金是楨(1579–1612)의 시집이다. 1868년에 후손인 김진호金鎭澔와 김희락金羲洛 등에 의해 간행되었다. 부賦 2편과 부록을 제외하고 시 263수로 구성되어 있는데, 고시 10수·오언절구 41수·칠언절구 81수·오언사운 72수·칠언사운 59수 등이다. 김대진金岱鎭의 서문이 있고, 권말에는 갈암 이현

일과 김시정의 아들 김휴가 쓴 행장과 행략이 수록되어 있다.

부 2편인 「유회부幽懷賦」와 「술회부述懷賦」는 비록 병중에 있지만 슬픔과 근심을 토로하기보다는 본심을 잃지 않고 착한 성품을 길러 마음의 평안을 얻겠다는 의지를 표현한 글이다. 특히 「병중술회病中述懷」·「병중서회病中書懷」·「모춘병회暮春病懷」 등과 같이 병환 중에 지은 시가 많은데, 여기에서도 심성 함양에 대한 의지가 엿보인다.

(10) 『경와선생문집敬窩先生文集』(19세기, 목활자본, 8권 1책)

김시정의 장남 김휴金烋(1597~1638)의 시문집이다. 문집 간행과 관련된 기록이 없어 정확한 간행 시기는 알 수 없다. 다만 권8에 수록된 김대진金岱鎭(1800~1871)이 쓴 「묘갈명서墓碣銘序」를 볼 때 19세기에 8권 4책의 목활자본으로 간행된 것으로 보인다. 권1~4에는 부 5편·시 578수·소사 21수·서書 12편, 권5~6에는 잡저, 권7에는 잠 7편·명 4편·찬 1편·서序 1편·기記 1편·상량문 1편·제문 4편·행략 5편, 권8에는 부록으로 김휴의 행장·제문·만사·묘갈명이 실려 있다.

이 중 권5~6의 잡저에는 도시圖示 31개가 수록되어 있다. 이는 성리학의 가르침과 도학을 문장만으로는 이해하기 힘든 탓에, 사서와 오경을 중심으로 설명을 곁들인 그림으로 묘사한 것이다. 이러한 도시법은 다른 문집에서는 보기 드문 독창적인 방식으로 평가되고 있다.

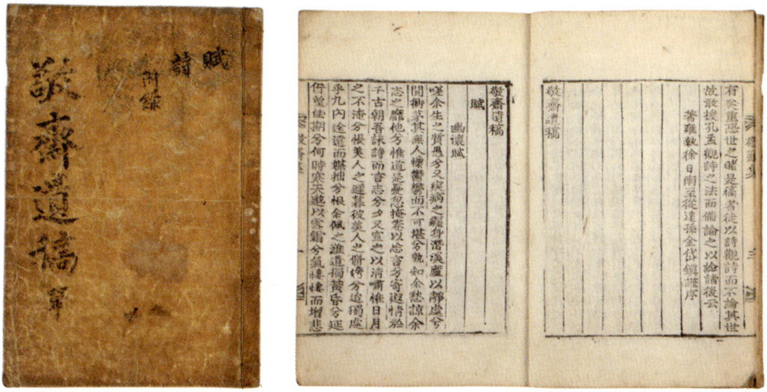

『경재유고』(한국국학진흥원 제공)

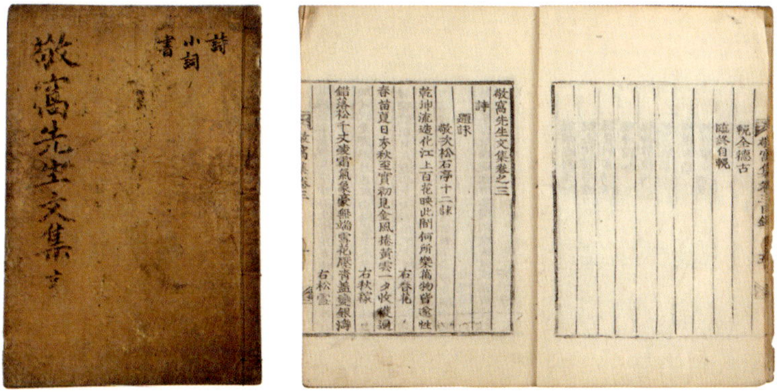

『경와선생문집』(한국국학진흥원 제공)

(11) 『도암시고陶庵詩稿』(1965년, 석인본, 1책)

김시주의 넷째 아들 김후金煦(1613~1695)의 시집이다. 1965년 후손 김종덕에 의해 석인본으로 간행되었다. 성순영成純永이 쓴 서문이 있고 시와 부록이 실려 있으며, 권말에 9세손 김병문金秉文

이 쓴 발문이 있다. 부록에는 만시·제문·행장·묘도비음 등이 수록되어 있다.

(12) 『**적암선생문집**』(18세기, 목판본, 4권 2책)

운천 김용의 현손인 적암適庵 김태중金台重(1649–1711)의 시문집으로 18세기에 4권 2책의 목판본으로 간행되었다. 권1에는 시, 권2에는 서書와 잡저, 권3에는 제문·묘지·행략·유사, 부록인 권4에는 김태중의 행장·묘지명·묘갈명·언행록·뇌사·만사·제문과 함께 행장 고성문行狀告成文이 수록되어 있다.

2) 주요 고문서

(1) 1577년 김진이 작성한 분급문기와 유언

이 문서는 청계 김진(1500–1580)이 78세이던 1577년 6월 23일에 친필로 작성한 분재기와 유언이다. 김진은 직접 관리하고 있던 재산 일부를 자손에게 분급하면서 온 가족이 모여서 제사를 지낼 것을 당부하고 있다.

(2) 1590년 김용의 홍패

운천 김용은 1590년 10월에 치른 증광시 문과에서 병과 1위로 급제했다. 이에 1590년 11월 18일에 김용은 홍패를 발급받았다.

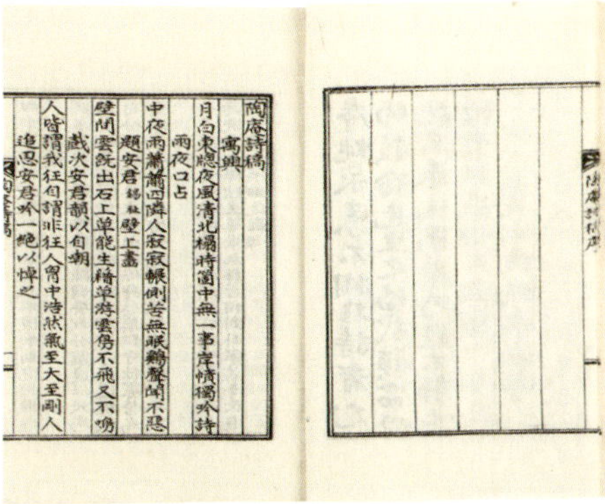

『도암시고』(한국국학진흥원 제공)

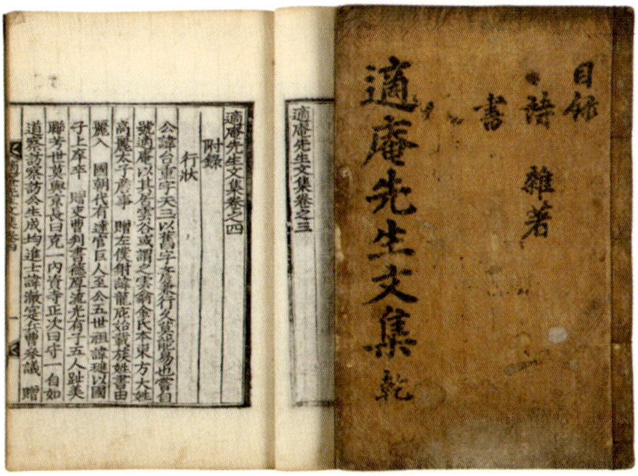

『적암선생문집』(한국국학진흥원 제공)

(3) 1592년 김용의 유지

1592년 8월 5일에 승정원이 김용에게 전달한 유지有旨이다. 왕명을 받은 승정원의 담당 승지가 직접 작성한 뒤 명을 수행할 사람에게 전달한 문서이다. 내용은 통관들이 품계가 높다는 이유로 무례한 횡포를 저지르고 있는 현상을 알리는 것으로, 통관들의 민폐 양상을 지적하면서 이들에 대한 의법 조치를 요청한 문서이다. 시작 부분에 적힌 "김용金涌 개탁開拆"이라는 문구는 오직 김용만 열어 보라는 뜻이다. 문서의 형식은 담당 승지의 직함과 성을 쓴 뒤 착명着名을 하고, 연호 등에 사각주인四角朱印 모양의 '승정원인承政院印'을 찍어 두었다. 이 문서를 발급한 사람은 '동부승지 성成'이다.

(4) 1615년에 조부가 손자 휴에게 보낸 간찰

운천 김용이 손자 김휴金烋(1597–1638)에게 보낸 편지이다. 1615년 김휴가 과거에 낙방하자 자신도 인근 지역의 수령 자리가 나지 않아 부임이 보류되고 있는 상황에 있다고 하면서, 과거 낙방에 대해 좌절하지 말고 더욱 학문에 정진하면서 세월을 헛되이 보내지 말라는 당부를 하고 있다.

(5) 1613년 김시주의 홍패

운천 김용의 장남 개호開湖 김시주金是柱(1575–1617)는 1613년 10월 증광시 문과에서 병과 8인으로 급제했다. 이에 1613년 10월 10일에 김시주는 홍패를 발급받았다.

(6) 1617년 4월에 김시주가 부친 김용에게 보낸 간찰

김시주가 아버지 김용에게 보낸 편지이다. 김용이 여주목사로

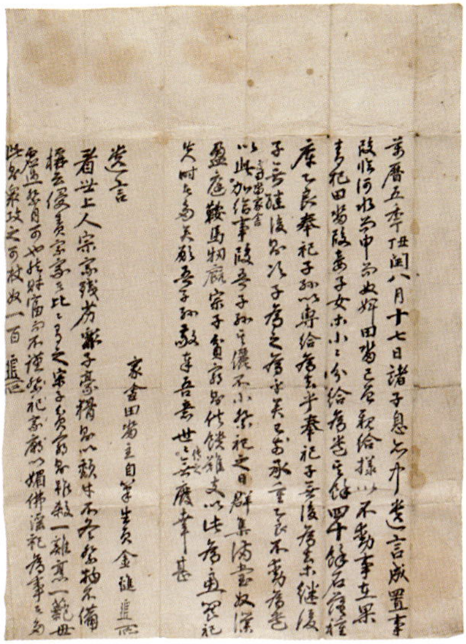

1577년 김진이 작성한 분급문기와 유언(한국국학진흥원 제공)

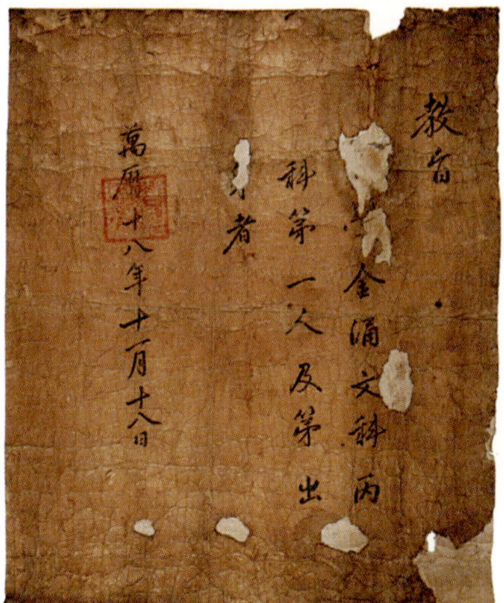

教旨

金涌文科丙

科第一人及第出

身者

萬曆十八年十一月十八日

1590년 김용의 홍패(한국국학진흥원 제공)

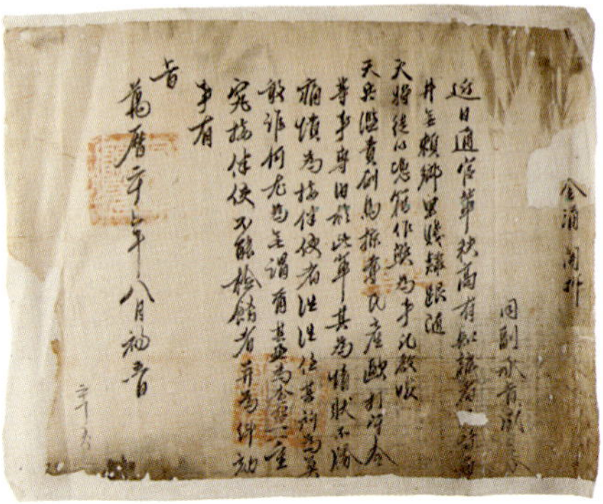

1592년 김용의 유지(한국국학진흥원 제공)

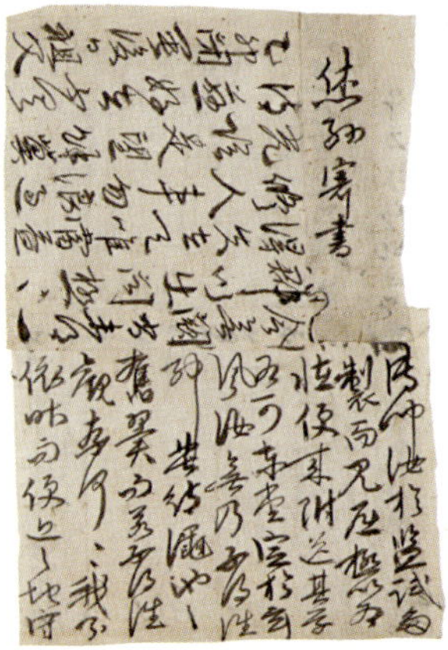

1615년에 조부 김용이 손자 휴烋에게 보낸 간찰(한국국학진흥원 제공)

부임해 있던 1617년 4월 20일에 보낸 것으로 봉투에 "여주驪州 아내衙內"라고 적혀 있다. 김시주는 그해 7월 세상을 떠났기 때문에 부모에게 보내는 마지막 편지가 된 셈이다. 서두에서 부모의 안부를 묻고, 수참판水站判이 내려온다는 소식이 있어 자신이 함

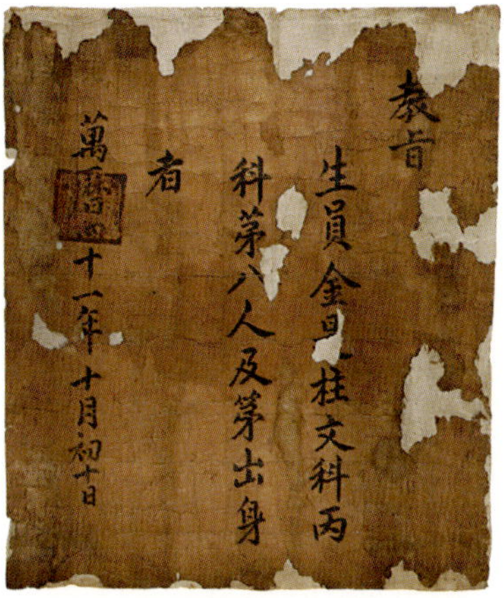

敎旨
生員金是柱文科丙
科第八人及第出身
者
萬曆四十一年十月初十日

1613년 김시주의 홍패(한국국학진흥원 제공)

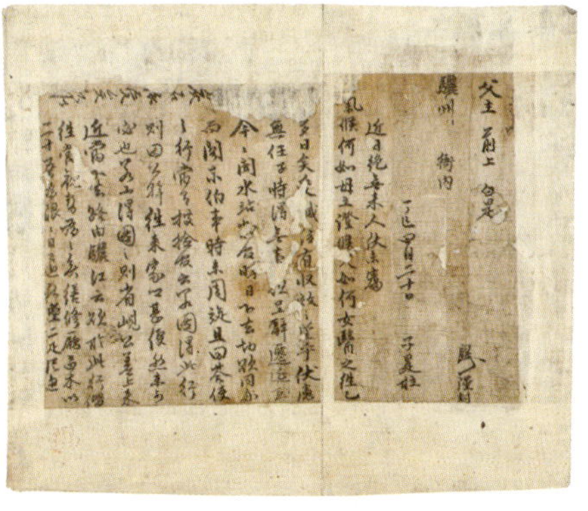

1617년 4월에 김시주가 부친 김용에게 보낸 간찰(한국국학진흥원 제공)

께 갈 예정이며, 회답사回答使의 행차 기회를 얻으면 고향에 왕래하기 편하겠으나 뜻대로 될 수 있는 일은 아니라고 했다. 편지의 말미에서는 선수청繕修廳에서 요청한 품목을 언급하고 있다.

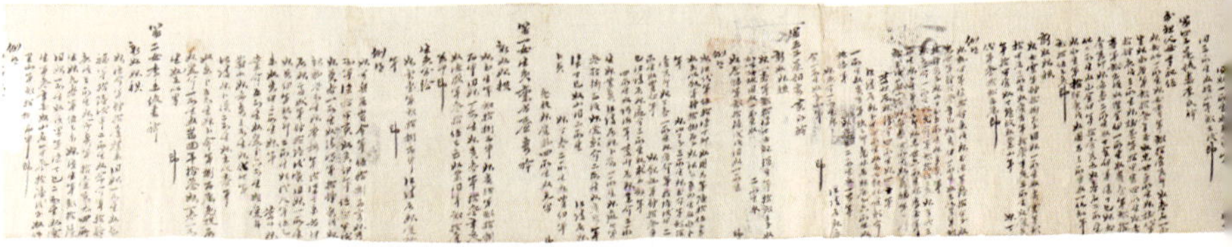

숙부인 이씨가 아들 김시주 등 7남매에게 재산을 분급한 분깃문기(한국국학진흥원 제공)

(7) 숙부인 이씨가 아들 김시주 등 7남매에게 재산을 분급한 분깃문기

운천 김용의 부인 진성이씨가 아들 김시주 등 7남매에게 재산을 분급하고 작성한 분깃문기이다. 이 문서는 분재기의 일반적인 경향과 다르게 아들의 경우 며느리 명의로 분급하고 있으며, 또 사위가 아닌 딸에게도 직접 분급하고 있다. 이 문서를 작성한 증인 필집筆執은 김용의 조카 표은瓢隱 김시온金是榅(1598-1669)으로 되어 있다.

3) 가보로 전해지는 유물

운천 김용의 조부인 청계 김진은 자손들의 학업을 장려하기 위해 장학 제도를 시행했는데, 고적古笛과 창포검[文章劍]을 포상으로 주고 토지[文章畓]를 시상함으로써 학업을 수행하는 데 있어 경제적으로 구애받지 않도록 배려했다.

1570년 김용이 14살 때 『논어』 20편을 한 자도 틀리지 않고

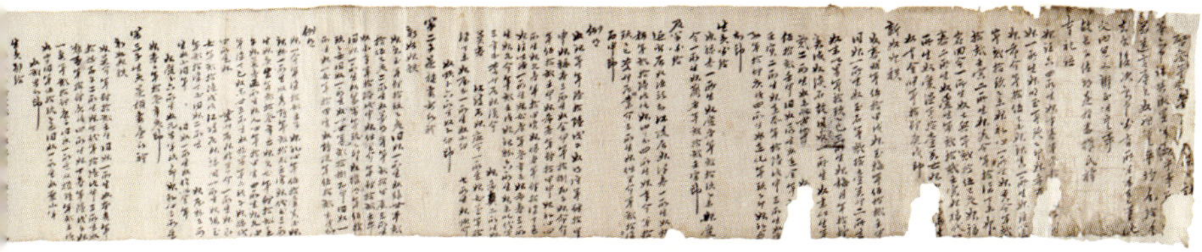

고적(한국국학진흥원 제공)

암송하자, 이를 기특하게 여긴 조부 김진이 김용에게 바로 그 고적과 문장검·문장답을 상으로 주었다고 한다. 이후 이 세 가지는 김용의 셋째 아들 경재 김시정과 경와 김휴를 거쳐서, 다시 운천종택으로 전해 내려오고 있는데, 문장검은 6·25 전쟁 때 분실되었고, 문장답과 고적은 현재까지 보존되고 있다.

(1) 고적古笛

고적은 옥玉으로 제작되었고, 길이 65.5cm, 지름 2.8cm이다. 신라 경순왕이 청색과 황색의 1쌍으로 만들어 황색은 왕가에 보관하고, 청색은 넷째 아들 김석(의성김씨 시조)에게 물려주었다고 한다. 전하는 말에 의하면 어느 날 경주의 황색 옥적이 세 마디로 절단되었는데, 소문을 듣고 종가에서 보관하고 있던 가보를 살펴보니 청색 옥적 역시 세 가닥으로 절단되었다고 한다. 이후 후손 김종해金鍾海가 부러진 부분을 수리해서 전해지고 있다.

(2) 문장검文章劍

6·25 전쟁을 거치면서 분실되어 지금은 전하지 않지만 문장검 역시 운천종가의 가보 중 하나이다. 고적과 더불어 경순왕이 물려준 것으로 전하며, 칼 모양이 창포잎처럼 생겨서 창포검이라고 하다가 김진이 문장검으로 바꾸었다. 문장이 뛰어난 자손에게 물려주는 칼이라는 뜻이다.

(3) 연하침煙霞枕

길이 50cm, 지름 약 20cm의 나무 베개이다. 운천 김용의 손자 김휴金烋가 1627년에 진사시를 치른 뒤 금강산에 유람 갔다가 만폭동 청류담의 반석 사이에서 발견했다. 하단과 측면에 연하침을 얻게 된 연유가 기록되어 있다.

내가 기대거나 베개로 베니	我憑或枕
마치 청룡을 껴안은 것 같구나	怳挾靑龍
안개와 노을을 노니는 한바탕 꿈이여	煙霞一夢
금강산 만이천봉이 눈에 아련하구나	萬二千峯

금강산 만폭동 청룡담 반석 사이에서 이것을 얻었다.[金剛山萬瀑洞靑龍潭盤石間得此]

연하침(한국국학진흥원 제공)

'연하煙霞'는 안개와 노을을 일컫는 말로, 아련한 산수 경치의 비유적 표현이며, 『당서唐書』의 「은일열전隱逸列傳」에 유래를 두고 있다. 당나라 고종 때 은사隱士로 명망 높은 전유암田遊巖이라는 사람이 있었는데, 고종이 숭산에 갔다가 그가 사는 곳에 들러 안부를 물었다. 그러자 전유암은 "신은 물과 바위에 대한 마음은 고황이 되었고 안개와 노을을 즐기는 마음은 고질병이 되었습니다.[臣所謂泉石膏肓, 煙霞痼疾]"라고 답했다고 한다.

(4) 매화연梅花硯

고적·연하침과 더불어 운천종가의 가보로, 일월연 혹은 매죽연이라고 한다. 중국 황하 유역의 단계석으로, 세로 34cm, 가로 22cm의 장방형에 매화·대나무·구름·해·산·사슴 등이 새겨져 있다. 김휴가 1627년 진사시에 합격한 뒤 외조부 백암柏巖 김륵金玏(1540–1616)으로부터 선물로 받은 것이라고 한다.

매화연(한국국학진흥원 제공)

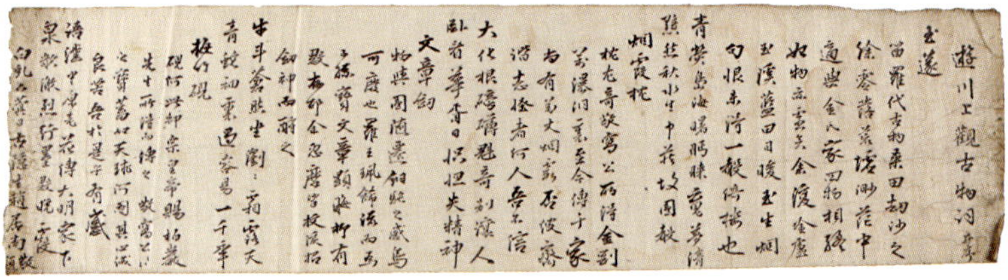

고은 조거남의 시, 「내앞을 노닐며 옛 물건을 살피다」(한국국학진흥원 제공)

이 벼루는 어찌하여 여기 있는가? 신종 황제가 백암 선생에게 하사하여 얻은 것으로, 경와 공敬窩公에게 전해졌다. 경와 공께서 보물로 간직하기를 마치 천구天球와 하도河圖와 같이 했다. 마음은 참으로 괴로울 것이나 나는 이 때문에 감회가 있어 쓴다.[硯何此 神宗皇帝賜 柏巖先生所得 而傳之敬窩公 敬窩公寶蓄 如天球河圖 其心誠良苦 吾於是乎有感]

말이 유창하지 못했던 중원의 노인께서 語澁中原老
빼어난 집안에 매죽연을 전해 주었네 花傳大明家
「하천下泉」 곡조 격렬히 읊어가며 下泉歌激烈
글 쓰다가 여러 번 저녁노을 맞이했네 行墨數晚霞

영양 주실 출신의 유학자 고은古隱 조거남趙居南(1789~1848)은 운천종가에서 전하는 네 가지 보물인 옥피리(고적)·연하침·문장검·매죽연(매화연)을 주제로 시를 남겼는데, 이에 따르면 매죽연은 백암 김륵이 명나라 신종 황제로부터 하사받은 것이라고 한다.

2 건축문화유산

내앞마을은 500여 년간 의성김씨 세거지로서 위상을 굳건히 이어 오고 있다. 이런 이유로 청계종택과 운천(귀봉)종택·제산종택 등의 고택을 비롯해 수많은 유교 문화유산이 내앞마을에 자리하고 있다. 이 중 운천종가와 관련된 건축물을 정리하면 〈표 4〉와 같다. 한편 목암정과 몽선각은 1987년 임하댐 건설로 인해 수몰 위기에 처하면서 내앞마을로 이건되었다.

〈표 4〉 운천종가 문화유산 건축물

종류		중심인물	용도	계보관계
1	운천(귀봉)종택	귀봉 김수일	거주 공간	김수일
2	백운정	귀봉 김수일	수기 공간	김수일
3	운천재사 및 신도비	운천 김용	제향 공간	김수일–김용
4	임호서당	운천 김용	강학 공간	김수일–김용
5	야암정사	야암 김임	강학 공간	김수일–김용–김시건[2]…김임
6	목암정	목암 김정기	수기 공간	김수일–김용–김시건[2]…김임–김정기[4]
7	몽선각	월탄 김창석	수기 공간	김수일–김용–김시건[2]…김임–김이기[2]–김창석[2]
8	갈계정	갈계 김도	풍류 공간	김수일–김용–김시릉[4]–김도
9	운곡서당	적암 김태중	강학 공간	김수일–김용–김시상[5]…김기…김태중
10	백하구려	백하 김대락	거주 공간	김수일–김용–김시주[1]–김훈[3]–김학규–김세갑–김용하[2]–김시홍–김호운–김억수[1]…김진린–김대락
11	백인재고택	백인재 김헌수	거주 공간	김수일–김용–김시주[1]–김훈[3]–김학규–김세갑–김용하[2]–김시홍–김호운–김헌수[2]
12	김동삼 생가터	일송 김동삼	거주 공간	김수일–김용–김시주[1]–김희–김학달–김세건…김정하…김상열–김내운[2]–김형수–김진의–김계락–김동삼

운천(귀봉)종택

1) 운천(귀봉)종택

내앞마을 의성김씨는 청계 김진의 아들 5형제를 중심으로 청계공파·귀봉공파·운암공파·학봉공파·남악공파 등 5개파로 분파되었다. 운천 김용은 귀봉공파의 파조派祖 김수일의 장남으로 불천위로 추대되어 가묘에 모셔져 있다.

우리집이 '귀봉종택'과 '운천종택' 두 이름으로 불려서 혼란스러워하는 분들이 있지요. 의성김씨 내앞파의 다섯 파 중 둘째 파라는 측면에서 보면 귀봉파의 큰집이기에 귀봉종가라고 하는 것이 맞고, 운천 선조를 불천위로 모신다는 면에서는 운천종가라고 부르는 것도 타당한데, 굳이 어느 하나의 이름만을 고집하거나 배척할 것은 아니라고 생각합니다.

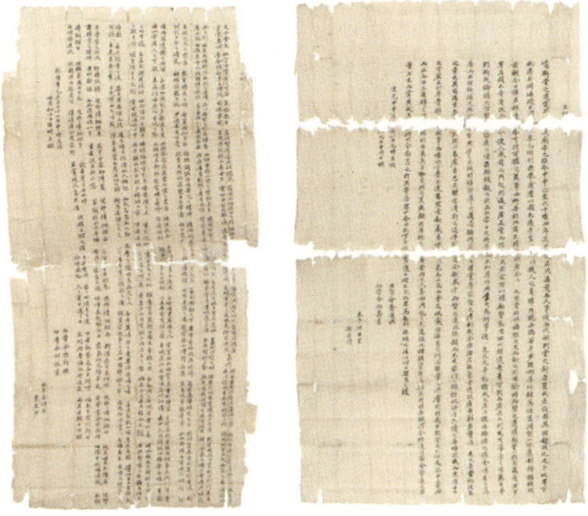

좌: 1761년 상량문, 우: 1824년 상량문(한국국학진흥원 제공)

현 종손 김승태金昇泰(1954-)에 따르면 혈통적 측면을 중시하면 귀봉종가라고 부르며, 불천위 인물을 우선한다면 운천종가라고 부를 수 있다는 설명이다. 운천종택은 2011년 국가민속문화재로 지정되었고, 지정 당시에 그 명칭이 귀봉종택이었기에 운천종택과 관련된 정보를 찾으려면 '귀봉종택'으로 검색하는 것이 편리하다.

운천종택은 1660년에 김용의 증손자인 김학달이 숨을 거둔 뒤 그의 부인인 창녕조씨가 가묘와 함께 지은 것으로 추정되고 있다. 김수일은 혼인 후에 처가 터전인 일직면 귀미리에서 살았으나 부친 김진의 부름을 받고 내앞마을로 돌아왔다. 당시 거처가 마땅하지 않아 조부 김예범이 만년에 머물렀던 한송정寒松亭에 기거하다가 아버지의 도움으로 내앞마을 맞은편에 백운정을 지어서 거주한 것으로 전한다. 아무튼 김수일-김용-김시주-김희에

▲ 대문채

▼ 안채

사랑채

이르기까지 별도의 종택은 소유하지 않은 듯하며, 1660년에 현재의 종택을 건립했다고 한다. 이후 1761년과 1824년 2차례에 걸쳐 중수했으며, 1888년에 중건한 후 지금에 이르고 있다. 중수 작업을 할 때의 상량문이 전하고 있어 관련 내용을 파악할 수 있는데, 1761년의 중수 상량문은 7대 종손 김상열金相說이 쓰고, 구사당九思堂 김낙행金樂行이 찬撰했다. 1824년의 중수 상량문은 9대 종손 김조수金祖壽가 쓰고, 김양운金養運이 건축을 맡았다.

운천종택은 내앞마을의 주산인 대현산을 등지면서 청계종택의 동남쪽에 담장을 사이에 두고 자리한다. 팔작지붕의 가옥으로 ㅡ자형 대문채, ㅁ자형 본채와 사당으로 구성되어 있다. 대문채는 맞배지붕을 한 솟을대문으로 정면 5칸, 측면 1칸의 규모이다. 중앙의 1칸은 대문칸으로, 왼쪽에 두 칸의 온돌방이, 오른쪽에 외양간과 화장실이 배치되어 있다.

본채 북쪽에는 ㄇ형 안채가 있고, 전면으로 ㅡ자형의 사랑채가 결합되어 전체적으로 ㅁ자형을 이루고 있다. 중문 안쪽에 자리한 ㄇ형 안채는 안대청·안방·방·부엌 등으로 구성되어 있다. 정면 2칸, 측면 3칸의 안대청을 중심으로 오른쪽에는 안방을 비롯한 방 2개와 부엌이 자리하며 부엌 아래에는 협문·화장실·창고가 차례로 놓여 있고, 안대청 왼쪽에는 상방과 그 아래로 협문과 창고, 뒤주간이 배치되어 있다. 안대청의 오른쪽에는 방 2개와 부엌이 자리하며 부엌 아래에는 협문·화장실·보일러실·창고가 차례로 놓여 있다. 지금의 화장실과 보일러실의 경우 예전에는 방과 창고로 사용했다고 한다. 주목되는 점은 안대청이 안방보다 측면 2칸 정도 크기로 돌출되어 있다는 점인데, 이는 대청 공간을 효율적으로 사용하기 위함이다. 실제로 안대청에서는 불천위 제례를 위한 준비 등이 이루어지며, 1960년대까지만 해도 문중 사람들이 모여 윷놀이를 하는 등 화합을 다지는 공간으로 이용되었다.

사랑채는 정면 10칸 규모의 웅장함을 자랑하고 있다. 중문을 사이에 두고 왼쪽에는 아랫사랑채가 있고 오른쪽에는 큰사랑채가 자리한다. 큰사랑채에는 제청이 구비되어 있어 앞으로 약간 돌출되어 있는 형태를 하고 있다. 큰사랑채는 정면 5칸, 측면

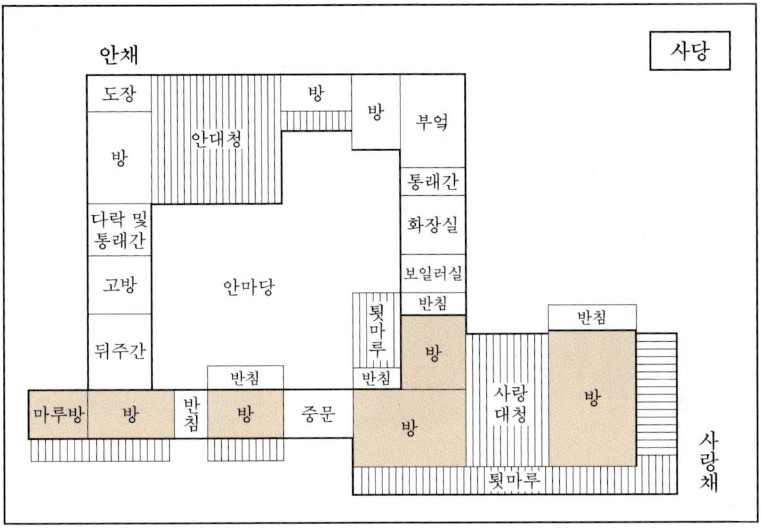

운천(귀봉)종택 배치도(2023년 현재)

2칸으로 이루어져 있으며 사랑대청은 정면 2칸, 측면 2칸이다. 사랑대청의 왼쪽에는 사랑방과 뒷방이 있는데, 이곳을 통해 안채로 드나들 수 있다. 사랑대청의 오른쪽에는 정면 1칸, 측면 2칸의 동쪽사랑방이 자리하고 있다. 큰사랑채의 전면에는 툇마루가 있으며, 동쪽사랑방 측면에도 쪽마루가 있다. 중문 좌측의 아랫사랑채는 정면 5.5칸, 측면 1칸으로 구성되어 있으며, 온돌방 2개와 부엌, 마루방이 배치되어 있다. 사당은 정침의 북동쪽에 위치하며, 정면 3칸에 측면 1칸의 규모이다. 사당에는 불천위로 추대된 운천 김용과 현 종손의 고조부에 이르는 4대 조상의 신주가 모셔져 있다.

사당

2) 백운정

아버지 청계 김진의 부름에 의해 내앞마을로 돌아온 김수일은 아버지로부터 부암서당의 터를 받아 1568년에 백운정白雲亭을 지었다. 백운정은 내앞마을이 내려다보이는 반변천 건너편에 자리하고 있는데, 1608년에 편찬된 『영가지』에서는 "임하현의 북쪽 2리, 부암연 위에 있다. 증판서 김진 공이 지은 것을 아들 김수일이 옛 제도에 더해서 개축한 것이다."라고 소개하고 있다. 1991년에 임하댐이 건설되면서, 백운정으로 가려면 임하면 임하리 방면에서 도보로 갈 수 있게 되었다. 자동차를 이용할 때는 임하보조댐 관리소를 거쳐 백운정으로 갈 수 있다.

백운정은 임진왜란과 병자호란 등을 겪으면서 퇴락한 탓에 2차례의 대대적인 중수를 했다. 건립 이후 175년 만인 1743년에 김수일의 6대손 김진하金振河·김복하金福河·김백하金白河와 7대 종손 김상열의 주도로 큰 규모의 수리를 했으며, 또 그로부터 228년 만인 1971년의 중수와 1998년의 재보수를 거쳐 오늘에 이르고 있다. 경상북도 문화재자료로 지정되었다.

백운정은 一자형 정자와 ㄱ자형 주사를 연결해 '□[一ㄱ]'자형 배치를 하고 있다. 정자는 팔작지붕으로 정면 3칸, 측면 2칸으로 구성되어 있고 부속건물인 주사는 정면 4칸, 측면 4칸이다. 정자 건물은 온돌방 2칸과 마루 4칸으로 되어 있다. 온돌방은 주사와 연결되어 있으며, 반변천을 향해 있는 마루에 서면 내앞마을과 주변 경관을 조망할 수 있다.

백운정 현판은 전서체의 대가 미수眉叟 허목許穆(1595-1682)이 썼다. 김용의 증손자인 무위당無爲堂 김태기金泰基(1625-1680)가 허목에게 증조부의 묘갈명을 요청하며 함께 받은 것으로 전한다. 조양문朝陽門과 이요문二樂門의 현판은 퇴계 이황의 친필이다. '조양'이란 '봉명조양鳳鳴朝陽'의 줄인 말로 『시경』「권아」의 "어진 인재가 언젠가 때를 만나 일어날 것"이라는 시구의 뜻을 담고 있다. '이요'는 『논어』「옹야」의 "지자요수知者樂水 인자요산仁者樂山"에서 두 개의 '요樂'를 차용한 것이다.

그 외에 정자에는 청계 김진과 약봉 김극일, 귀봉 김수일, 학

▲ 백운정(한국국학진흥원 제공)

▼ 백운정

백운정 현판(한국국학진흥원 제공)

봉 김성일을 비롯한 의성김씨 인물들이 남긴 시판과 동악東岳 이안눌李安訥(1571-1637) 등의 시판이 걸려 있다.

3) 임호서당

임하면 임하리에 자리한 임호서당의 전신은 운천 김용을 제향하기 위해 1853년에 백운정 북쪽에 건립한 임호서원이다. 김용의 위패는 1644년 노림서원에 최초로 봉안되었다가 임천서원·덕봉서원·묵계서원 등을 거치면서 이안되었는데, 지역유림의 노력으로 독립된 임호서원을 건립해 위패를 봉안하게 되었다. 당시 낙성식에 참석한 사람은 900여 명에 이르고, 정재定齋 류치명柳致明이 고유문을 작성했다. 사당은 경현사景賢祠, 강당은 입교당立敎堂이라고 이름 지었다. 이후 퇴락을 거듭하다가 1862년에 임하현 남쪽의 악사촌으로 이건됐으며, 1868년에 서원철폐령으로 훼철되었다.

이후 1920년 무렵 지역유림과 후손들의 공론에 의해 현재의

임호서당(김승태 제공)

위치에 복설되었다. 그런데 복설 예정이었던 임호서당의 위치에는 임천서당이 자리하고 있었다. 임천서당의 전신인 임천서원의 경우 학봉 김성일의 위패를 제향하고 있었다. 그러다가 김성일의 위패가 여강서원廬江書院으로 이안됨으로써, 임천서원은 제향의 기능을 상실하고 강학의 공간으로만 활용되면서 임천서당으로 개칭되었다. 이에 임천서당 경내에 임호서당을 복설하고자 하는 통문을 임천서원에 보내 허락을 구했고, 임천서원 측에서는 "숙질이자 고제高弟인 양자의 유풍이 있는 공간에 김용을 모신 서원 복설은 지극히 당연하다."라는 긍정적인 답변을 보내왔다. 이런 과정을 거쳐 임호서당이 1922년 4월 15일에 준공되었다. 임천서당과 임호서당은 잠시 동안 병존해 오다가, 1967년에 두 서당의 운영위원회가 운영 주체를 임호서당으로 일원화하기로 협의함으로써 명칭과 자산을 비롯한 관리와 운영을 임호서당이 일임하게 되었다.

복설된 임호서당은 중앙의 강당을 비롯해 동재東齋와 주사 등 3개의 건물은 구비했으나, 사당 등이 완비되지 못해 서원이라 칭하지 못하고 서당에 머무른 것으로 추측된다. '임호서당' 현판이 걸린 강당은 정면 5칸, 측면 2칸의 홑처마 팔작지붕의 건물이다. 중앙에 6칸 마루를 두고 좌우로 2칸의 온돌방을 배치했다. 이 강당은 원래 백하 김대락의 사랑채 건물이었는데, 한때 협동학교協東學校 교실로 사용되었었다. 독립운동 자금 조달을 위해 이를 매각하려 하자, 문중에서 4천4백 냥을 주고 매입해 이건하여 임호서당 강당으로 사용하게 되었다. 즉 임진왜란 때 안동 수성장守城將으로 활약한 운천 김용의 항일정신을 계승하는 동시에, 독립운동을 실천하려는 목적에서 독립투사의 숨결이 깃든 협동학교 교실을 옮겨온 것이다.

현재 임호서당의 동재는 임천서당의 강당으로 사용하던 것으로 1967년에 '아양루峨洋樓'라는 현판을 걸었다. 정면 4칸, 측면 2칸의 팔작지붕으로 중앙에 마루를 두고, 좌우로 온돌방을 배치한 구조이다. 주사채는 원래 임천서당의 주사채와 행랑채로 사용되었으며, 임호서당이 경내에 복설되던 1921년에 증축되었다. 정면 4칸, 측면 5칸의 □자형 건물로 정면에 대문을 두고 좌우로 협문을 설치해 외부와 서당 강당 쪽으로 통하도록 했다.

이처럼 임호서당은 임천서당과의 밀접한 관계 속에서 현재에 이르고 있다. 흥미롭게도 1618년에 임천서원 창건을 주도했던 인물은 운천 김용으로, 당시 그는 숙부 학봉 김성일의 위패를 모시는 봉안문을 직접 작성했다.

제5장

종가의 제례문화

1 청계와 아들 5형제를 기리다, 사빈서원 향사

1) 사빈서원의 역사

안동에서 34번 국도를 따라 내앞마을 방향으로 가다 보면 우측으로 임하보조댐 수문이 나타나고 약 250m 앞에 사빈서원 표지판이 보인다. 그곳에서 좌측으로 돌아 800m 정도 떨어진 곳에 청계靑溪 김진金璡(1500–1580)과 그의 아들 5형제의 덕을 추모하고 후학을 양성하기 위해 건립된 사빈서원泗濱書院이 자리하고 있다. 사빈서원은 1676년 청계 김진의 묘소가 자리한 경출산 아래에 김진의 영정을 봉안하기 위해 건립한 사빈영당에서 시작되었다. 이후 1685년 지역유림의 공론을 모아 묘호를 경덕사景德祠로 개칭한 뒤 약봉藥峰 김극일金克一(1522–1585)·귀봉龜峯 김수일金守一

사빈서원 전경(한국국학진흥원 제공)

(1528–1583)·운암雲巖 김명일金明一(1533–1569)·학봉鶴峰 김성일金誠一(1538–1593)·남악南嶽 김복일金復一(1541–1591) 등 다섯 형제의 위패를 배향하다가 장소가 협소한 관계로 1709년에 임하면 사의리로 이건하면서 사빈서원으로 승원陞院하게 되었다. 그러나 1717년에 숙종의 훼철령으로 인해 '사빈서원' 편액을 내리고 사빈영당으로 다시 환원했다가 1868년 대원군의 서원철폐령에 의해 훼철되었다. 이후 1882년에 지역유림의 공론으로 강당과 주사를 복원했으며, 1988년에는 임하댐 건설로 인해 임하면 사의리에서 임하리로 이건했다. 그리고 2005년에 시작된 사빈서원 중창사업에

사빈서원 경덕사의 위패 배치도

따라 2011년에 강당과 주사를 현 위치 임하면 천전리(임하면 천전광산길 53)로 이건하고, 이어 사당·동재·서재·전사청·누각 등을 건립해 현재에 이르고 있다.

사당인 경덕사景德祠는 3칸 규모의 건물로, 청계 김진을 주향으로 하고 그의 다섯 아들을 배향하고 있다. 강당인 흥교당興敎堂은 1882년 중건 당시의 건물인데, 동서로 2칸의 온돌방을 구비하고 있으며 가운데는 8칸의 대청이 배치되어 있다. 동재는 진수재進修齋로 '진덕수업進德修業'의 '바른 마음으로 나아가 제대로 공부하는 곳'이라는 뜻이며, 서재는 존양재存養齋로 '존심양성存心養性'의 '마음을 모아 간직하면 본성이 길러진다'는 뜻이다. 사빈서원의 정면 출입문인 경원루景遠樓는 『시경』「거할편」에 나오는 "고산앙지경행행지高山仰止景行行之" 즉 "높은 산을 우러르고 큰길을 따라가네."와 『논어』「학이편」에 나오는 "신종추원愼終追遠" 즉 "조

흥교당 ▲

경덕사(한국국학진흥원 제공) ▼

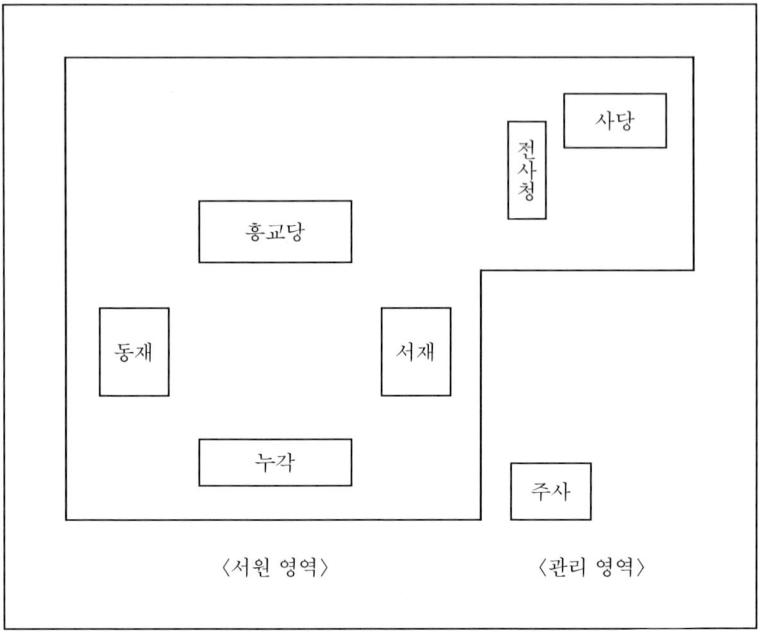

사빈서원 배치도

상의 제사를 정성껏 모시고 먼 조상을 추모한다."라는 문구에서 차용한 이름이다. 전사청은 서원 향사에 사용되는 제기와 제물을 보관하는 곳이며, 주사는 사빈서원의 관리와 향사 때 제수 장만을 위한 곳으로 1882년에 강당을 중건할 때 함께 지은 정면 5칸, 측면 5칸인 □자형 건물이다. 복설되기 이전에는 3월과 9월 중정일에 향사를 지냈으나 지금은 3월 중정일에 거행하고 있다.

독축(한국국학진흥원 제공)

2) 향사의 구성

(1) 축문

維歲次○○三月○○朔○○日○○後學☆☆☆

敢昭告于

贈吏曹判書青溪金先生心全懿德功著斯文餘烈遺風

百世矜式謹以清酌豕牲祗薦時事以

内資寺正藥峯金公

察訪龜峯金公

成均生員雲巖金公

文忠公鶴峯金公

贈宗簿寺正南嶽金公配食　尚

饗

분정(한국국학진흥원 제공)

〈해석〉

○○년 3월 ○○삭 ○○일 ○○일을 맞아 후학 ☆☆☆은

증 이조판서 청계 김 선생께 아룁니다.

마음에 아름다운 덕을 온전히 하시니 공적이 사문에 드러나셨습니다.

남은 정성과 끼치신 기풍은 영원토록 본받을 모범입니다.

삼가 맑은 술과 시생으로 공경히 올리고자 합니다.

내자시정 약봉 김공

찰방 귀봉 김공

성균생원 운암 김공

문충공 학봉 김공

증 종부시정 남악 김공을 배식케 하오니

흠향하시옵소서.

(2) 제물 진설

사빈서원 향사 제물 진설도

(3) 홀기

- 찬자와 알자, 찬인은 먼저 계단 사이의 절하는 위치로 나아간다.[贊者及謁者贊引先就階間拜位]
- 두 번 절한다.[再拜]
- 알자와 찬인은 각자 헌관을 인도해서 밖의 위치로 나아간다.[謁者及贊引各引獻官就外位]
- 찬인이 축관과 여러 집사를 인도해 들어가 절하는 위치로 나아간다.[贊引引祝及諸執事入就拜位]
- 두 번 절한다.[再拜]
- 몸을 숙인다.[鞠躬]

▲ 제물 진설(한국국학진흥원 제공)

▼ 경덕사 내부(한국국학진흥원 제공)

- 절한다.[拜]
- 일어난다.[興]
- 절한다.[拜]
- 일어난다.[興]
- 몸을 편다.[平身]
- 찬인이 축관과 여러 집사를 인도해서 손을 씻는 자리로 나아간다.[贊引引祝及諸執事詣盥洗位]
- 손을 씻고 닦는다.[盥手帨手]
- 각자 위치로 나아간다.[各就位]
- 독을 연다. 축관이 독을 연다.[開櫝祝開櫝]
- 알자와 찬인은 각자 헌관과 학생을 인도해 들어가 절하는 위치로 나아간다.[謁者及贊引各引獻官及學生入就拜位]
- 두 번 절한다.[再拜]
- 몸을 숙인다.[鞠躬]
- 절한다.[拜]
- 일어난다.[興]
- 절한다.[拜]
- 일어난다.[興]
- 몸을 편다.[平身]
- 알자는 초헌관의 왼쪽으로 나아간다.[謁者進初獻官之左]
- 행사를 거행할 것을 청한다.[請行事行事]

◎ 초헌례를 거행하다[行初獻禮]

- 알자는 초헌관을 인도해서 손을 씻는 자리로 나아가 북쪽을 향해 선다.[謁者引初獻官詣盥洗位北向立]
- 손을 씻고 닦는다.[盥手帨手]
- 준소로 인도해서 나아가 서쪽을 향해 선다.[引詣尊所西向立]
- 청계 선생 신위 앞으로 인도해서 나아가 꿇어앉는다.[引詣靑溪先生神位前跪]
- 향을 올린다. 향을 세 번 올린다.[上香三上香]

- 잔을 드린다.[奠爵]
- 다음으로 약봉 공 신위 앞으로 나아가 꿇어앉는다.[次詣藥峯公神位前跪]
- 향을 올린다. 세 번 향을 올린다.[上香三上香]
- 잔을 드린다.[奠爵]
- 다음으로 귀봉 공 신위 앞으로 나아가 꿇어앉는다.[次詣龜峯公神位前跪]
- 향을 올린다. 세 번 향을 올린다.[上香三上香]
- 잔을 드린다.[奠爵]
- 다음으로 운암 공 신위 앞으로 나아가 꿇어앉는다.[次詣雲巖公神位前跪]
- 향을 올린다. 세 번 향을 올린다.[上香三上香]
- 잔을 드린다.[奠爵]
- 다음으로 학봉 공 신위 앞으로 나아가 꿇어앉는다.[次詣鶴峯公神位前跪]
- 향을 올린다. 세 번 향을 올린다.[上香三上香]
- 잔을 드린다.[奠爵]
- 다음으로 남악 공 신위 앞으로 나아가 꿇어앉는다.[次詣南嶽公神位前跪]
- 향을 올린다. 세 번 향을 올린다.[上香三上香]
- 잔을 드린다.[奠爵]
- 다시 원위(청계 선생) 앞으로 나아가 꿇어앉는다.[還詣元位前跪]
- 축을 읽는다.[讀祝]
- 축관은 동쪽을 향해 꿇어앉아 읽는다.[祝東向跪讀]
- 머리를 숙여 엎드린다.[俯伏]
- 일어난다.[興]
- 자리로 돌아간다.(인도해서 내려와 자리로 돌아간다.)[引降復位]

◎ 아헌례를 거행하다[行亞獻禮]

- 찬인은 아헌관을 인도해서 손을 씻는 자리로 나아간다. 북쪽을 향해 선다.[贊引引亞獻官詣盥洗位北向立]
- 손을 씻고 닦는다.[盥手帨手]
- 준소로 인도해서 나아가 서쪽을 향해 선다.[引詣尊所西向立]
- 청계 선생 신위 앞으로 인도해서 나아가 꿇어앉는다.[引詣青溪先生神位前跪]

- 잔을 드린다.[奠爵]
- 다음으로 약봉 공 신위 앞으로 나아가 꿇어앉는다.[次詣藥峯公神位前跪]
- 잔을 드린다.[奠爵]
- 다음으로 귀봉 공 신위 앞으로 나아가 꿇어앉는다.[次詣龜峯公神位前跪]
- 잔을 드린다.[奠爵]
- 다음으로 운암 공 신위 앞으로 나아가 꿇어앉는다.[次詣雲巖公神位前跪]
- 잔을 드린다.[奠爵]
- 다음으로 학봉 공 신위 앞으로 나아가 꿇어앉는다.[次詣鶴峯公神位前跪]
- 잔을 드린다.[奠爵]
- 다음으로 남악 공 신위 앞으로 나아가 꿇어앉는다.[次詣南嶽公神位前跪]
- 잔을 드린다.[奠爵]
- 다시 원위 앞으로 나아가 꿇어앉는다.[還詣元位前跪]
- 머리를 숙여 엎드린다.[俯伏]
- 일어난다.[興]
- 자리로 돌아간다.[引降復位]

◎ 종헌례를 거행하다[行終獻禮]

- 찬인은 종헌관을 인도해서 손을 씻는 자리로 나아가 북쪽을 향해 선다.[贊引引終獻官詣盥洗位北向立]
- 손을 씻고 닦는다.[盥手帨手]
- 준소로 인도해서 나아가 서쪽을 향해 선다.[引詣尊所西向立]
- 청계 선생 신위 앞으로 인도해서 나아가 꿇어앉는다.[引詣靑溪先生神位前跪]
- 잔을 드린다.[奠爵]
- 다음으로 약봉 공 신위 앞으로 나아가 꿇어앉는다.[次詣藥峯公神位前跪]
- 잔을 드린다.[奠爵]
- 다음으로 귀봉 공 신위 앞으로 나아가 꿇어앉는다.[次詣龜峯公神位前跪]
- 잔을 드린다.[奠爵]
- 다음으로 운암 공 신위 앞으로 나아가 꿇어앉는다.[次詣雲巖公神位前跪]
- 잔을 드린다.[奠爵]

- 다음으로 학봉 공 신위 앞으로 나아가 꿇어앉는다.[次詣鶴峯公神位前跪]
- 잔을 드린다.[奠爵]
- 다음으로 남악 공 신위 앞으로 나아가 꿇어앉는다.[次詣南嶽公神位前跪]
- 잔을 드린다.[奠爵]
- 물러서서 원위 앞으로 나아가 꿇어앉는다.[還詣元位前跪]
- 머리를 숙여 엎드린다.[俯伏]
- 일어난다.[興]
- 인도해서 내려와 자리로 돌아간다.[引降復位]

◎ 음복례를 거행하다[行飮福禮]

- 축관이 준소로 나아간다.[祝詣尊所]
- 잔에 복주를 따른다.[以爵酌福酒]
- 축관이 도마와 칼을 가지고 신위 앞에 나아가 수조를 덜어 낸다.[祝持俎及刀進減元位前胙肉]
- 알자가 초헌관을 인도해서 음복하는 위치로 나아간다. 북쪽을 향해서 꿇어앉는다.[謁者引初獻官詣飮福位北向跪]
- 축관이 헌관의 왼쪽에 나아가 동쪽을 향해서 헌관에게 잔을 드린다.[祝進獻官之左之東向以爵授獻官]
- 헌관이 잔을 받아서 마신다.[獻官飮卒爵]
- 잔을 축관에게 준다.[以爵授祝]
- 축관은 잔을 받아서 준소에 되돌려 놓는다.[祝受爵反爵于尊所]
- 축관이 동쪽을 향해서 헌관에게 수조를 건넨다.[祝東向以胙授獻官]
- 헌관이 조육을 받는다.[獻官受胙]
- 축관에게 준다.[授祝]
- 축관은 조육을 받아 동쪽 섬돌로부터 내려와서 문을 나온다.[祝受胙降自東階出門]
- 머리를 숙여 엎드린다.[俯伏]
- 일어난다.[興]
- 인도해서 내려와 자리로 돌아간다.[引降復位]

- 헌관은 모두 두 번 절한다.[獻官皆再拜]
- 몸을 구부린다.[鞠躬]
- 절한다.[拜]
- 일어난다.[興]
- 절한다.[拜]
- 일어난다.[興]
- 몸을 편다.[平身]
- 변두를 거둔다. 두 네 개와 변 네 개를 각각 처음 있던 자리로 옮긴다.[撤籩豆豆四籩四各移故處]
- 자리에 있는 사람들과 학생들은 모두 두 번 절한다.[在位者及學生皆再拜]
- 몸을 구부린다.[鞠躬]
- 절한다.[拜]
- 일어난다.[興]
- 절한다.[拜]
- 일어난다.[興]
- 몸을 편다.[平身]
- 독을 닫는다. 축관은 독을 닫는다.[閉櫝祝閉櫝]

◎ 망예례를 거행하다[行望瘞禮]

- 알자가 초헌관을 인도해서 망예의 자리에서 북향한다.[謁者引初獻官詣望瘞位北向立]
- 축관이 축을 가지고 서쪽 계단으로 내려가 땅에 묻는다.[祝取祝降自西階瘞坎]
- 인도해서 내려와 자리로 돌아간다.[引降復位]
- 알자는 나아가 초헌관의 왼편으로 다가간다.[謁者進初獻官之左]
- 향례를 마쳤음을 아뢴다.[告禮畢]
- 알자는 초헌관을 인도하고 찬인은 각 헌관을 인도하여 차례로 나간다.[謁者引初獻官贊引各獻官以次出]
- 축관과 모든 집사들은 절하는 위치에 선다.[祝及諸執事俱復階間拜位]

- 두 번 절을 한다.[再拜]
- 몸을 굽힌다.[鞠躬]
- 절을 한다.[拜]
- 일어난다.[興]
- 절을 한다.[拜]
- 일어난다.[興]
- 몸을 바르게 한다.[平身]
- 차례대로 나간다.[以次出]
- 찬자와 알자, 찬인은 절하는 위치에 선다.[贊者謁者贊引就階間拜位]
- 두 번 절한다.[再拜]
- 나간다.[出]

3) 향사의 진행

사빈서원의 향사는 3월과 9월 정일丁日에 춘추로 지내다가 2011년에 서원이 복설되면서 3월 중정일 낮에 봉행하는 것으로 변경되었다. 향사가 드는 달의 삭일朔日에 원장과 재유사가 헌관·축관·집례·5집사를 천거하는데, 이들 가운데 유고有故가 발생하면 입제일 이전까지 단자單子를 제출해야 한다.

입제일 전날 아침이 되면 재유사는 사당 안팎을 청소하고 제기를 정돈해 둔다. 입제일이 되면 모든 제관은 오전 10시까지 입재를 완료하고 10시 30분 무렵 흥교당에 모여 집사분정을 시작한다. 축관은 초헌관을 모시고 사당으로 가서 축문을 쓴 뒤 강당으로 돌아온다. 11시 무렵 유사가 제물을 갖춰 서원으로 들어

헌작(한국국학진흥원 제공) ▲▼

▲ 망예례(한국국학진흥원 제공)

▼ 순배례(한국국학진흥원 제공)

망예 자리(한국국학진흥원 제공)

오면 제관은 남향으로 자리에 선다. 물을 9번 부어 쌀과 좁쌀을 씻는 석미례淅米禮 절차가 진행되고, 유사는 진설도를 들고 제수가 제대로 진설되었는지를 확인한다. 12시 무렵 제관들이 좌우로 서서 상읍례를 행하고 집례의 창홀에 따라 본격적인 행사가 시작된다. 마지막으로 망예례에 따라 축문을 망예의 자리에 묻고, 축관과 집사들이 절을 올리면 모든 의례가 마무리된다.

2 운천 김용, 불천위 제례로 기억되다

운천종가에서는 운천雲川 김용金涌(1557–1620)의 불천위 제례를 비롯해 현 종손의 고조부모·증조부모·조부모·부모의 기제사를 모시고 있다. 또 차사茶祀와 10월 묘사까지 1년에 여러 차례의 제례를 수행하고 있다. 4대조 기제사는 숙부 김종발金鍾潑(1936–2001)이 내앞마을에 살고 있을 때는 종택에서 지냈으나 지금은 현 종손이 거주하고 있는 서울 자택에서 지방紙榜으로 봉행하고 있다.

불천위 종가는 조상과 가문에 대한 자긍심이 강한 관계로 건축문화·제례문화·음식문화 등의 전통문화유산을 비교적 잘 보존하고 있는 편이다. 그러나 종손과 종부의 고령화 및 전통문화에 대한 문중 성원들의 의식 약화 등에 의해 종가 역시 변화의 흐

2015년 운천 김용 불천위 제례(한국국학진흥원 제공)

름을 거역할 수 없는 상황에 놓여 있다. 특히 제례문화의 경우 제례 시각의 변경과 향사자의 축소 등과 함께 제례 음식 역시 간소화되는 추세이다. 운천종가에서도 3~4년 전부터 변화를 시도했는데, 첫 번째 변화는 제례 시각의 변경이다. 예전에는 입제일入祭日이라 부르는 기일 전날 밤, 즉 기일 자정에 제례를 거행했으나, 요즈음은 인근에 거주하는 청장년들이 거의 없어서 준비와 제례에 참여할 수 있는 젊은 사람이 극소수이다 보니, 평균 연령이 70세를 훨씬 상회하는 제관들이 준비와 제례를 행하는데, 그로 인한 여러 현실적인 어려움을 줄이는 방안으로 몇 해 전부터 제례 시각

▲ 큰사랑방 – 축문 작성(한국국학진흥원 제공)

▼ 동쪽사랑방 – 편 괴기(한국국학진흥원 제공)

을 기일 당일 저녁으로 바꾸게 되었다.

두 번째 변화는 각설各設에서 합설合設로의 변경이다. 의성김씨의 경우 고위와 비위의 제사상을 별도로 차리는 각설 방식을 취하고 있는데, 이로 인해 제사상 하나를 차릴 때보다 두 배의 제물을 준비해야 한다. 그런데 제관이 점점 줄어드는 상황에서 제물을 장만할 일손도 부족하고, 또 제물도 남게 되었다. 이런 이유로 몇 해 전부터 하나의 제사상에 고위와 비위를 모시는 합설 방식으로 변경한 것이다.

현 종손 김승태(1954–)는 제례 시각을 변경하고 합설로 바꾸는 것을 두고 당시 적잖이 망설였으나, 제관 감소와 일손 부족 등을 고민하다가 결국 바꾸기로 했다고 한다. 이전만 해도 보통 40여 명의 제관이 참석했지만, 코로나19 사태의 여파 등으로 인해 제관 숫자가 절반으로 줄어드는 상황이 계속되면서 변화가 불가피했던 것이다.

1) 제사 준비

운천 김용의 불천위 기일은 음력 10월 19일이고, 비위인 진성이씨는 음력 10월 9일이다. 제례 준비는 각 2명으로 구성된 유사와 판공이 담당한다. 유사는 정해진 임기는 없고, 제례에 소요되는 비용을 관리한다. 판공은 1년 주기로 교체되는데, 제물 구입 등의 업무를 수행한다. 제물의 장만은 종부와 집안 여성들, 남성 제관

포 / 대추 / 밤 / 유과 / 사과 / 배 / 감

들이 한다. 메·갱·탕·나물 등과 같이 조리가 필요한 음식은 종부의 지휘 아래 안채의 부엌에서 장만하고, 도적과 편, 과일을 괴는 작업은 남성들이 동쪽사랑방에서 수행한다. 큰사랑방에서는 종손이 제관을 맞이하고, 또 시도록·집사분정·축문 등을 작성한다.

예전에는 도적과 편·과일은 고임 형태로 올렸으나 3~4년 전부터 밤과 대추는 제기에 소복이 담아 올리고 있다. 대추와 밤의 경우 제기에 괼 때 매우 숙달된 기술과 노력이 필요한데, 제관의 고령화와 일손 부족 등으로 인해 제물과 격식이 간소화되는 것은 피할 수 없는 실정이다. 과일의 경우 조율이시棗栗梨柿에 해당하는 대추·밤·배·감을 기본으로 올리고 수박·사과·유과 등을 추가한다.

도적은 우모린羽毛鱗의 원칙에 따라 물에 사는 어류인 명태·상어·방어·조기를 제기의 하단에 쌓고, 육지에 사는 짐승인 쇠고기와 하늘의 조류에 해당하는 닭고기를 순서대로 괸다. 이는 '하늘-땅-바다'로 구성된 우주의 질서를 상징하는 것으로 알려져 있다. 주목할 만한 점은 운천종가에서는 안동 지역의 대표적 제물인 문어를 사용하지 않는다는 사실이다. 예전에는 경제적 상황이나 물류 운송의 측면에서 문어를 제물로 사용한다는 것이 현실적으로 힘들었기 때문이라고 한다. 물론 지금은 예전에 비해 상황이 좋아졌으나, 그렇다고 해서 제사상에 굳이 문어를 올려야 할 일은 아니라는 생각이다. 그 외 갈치와 꽁치 등과 같이 '치' 자가 들어가는 생선은 피하는데, '치'가 '다스리다'의 뜻을 가진 한자어 '치治'와 동음이기 때문에 조상에게 올리기 민망하다는 이유에서다.

한편 운천종가 역시 도적에 생육生肉을 사용하는데, 『예기』의 "대향大饗에서는 날고기[腥]를 올리고, 3헌의 제사에는 데친 고기[爓]를 올리고, 단헌의 제사에서는 익힌 고기[熟]를 올린다."라는 설명에 근거해 대향[大祭]에 해당하는 불천위 제례에서는 익히지 않은 날고기를 사용한다. 이에 대해 현 종손은 다음과 같은 색다른 해석을 하기도 한다.

큰제사(불천위 제례)를 마치고 나면 참석자들에게 음복이 나누어지지요. 술과 밥은 그 자리에서 먹고 가지만, 떡과 과일 등은 일부는 먹고 일부는 남겨서 집으로 갖고 가지요. 특히 제사에 썼던 날고기와 생선은 톰배기(토막)를 내서 나눠 주는데 그것은 그 자리에서 먹을 수 없잖아요. 그러니까 각자 집으로 가져가서 국을 끓이거나 지져서 식구들이 함께 먹지요. 옛날 없던 시절에는 귀한 반찬이 되기도 했겠지만, 그것으로 제사에 참석하지 못한

癸卯十月十九日 大忌時執事	
初獻	金昇泰
亞獻	金時用
終獻	金世勳 金义求
祝	金龍源
贊者	金時明
陳設	金鍾國 金雄善
奉香	金守鍾
奉爐	金壽福
奉爵	金浩 金建泰
奠爵	金尙泰 金根泰
奉盤	金鉉直
際	

계묘년(2023) 분정기

후손들도 조상의 음덕을 입는다는 생각이기도 하지요. 그래서 생식 제물이 『예기』에서 유래되었다고는 하지만, 나는 이게 효율적이기도 해서 그리했던 것이 아닐까 생각해요. 음식이 풍족해진 지금이라고 해서 음복 방식이 크게 다르지는 않아요. 제관의 수가 줄고, 음복을 짚으로 묶거나 신문지에 싸서 가져가던 것이 비닐봉지에 담아 가는 것으로 변하기는 했지만요.

떡[餙]은 현 종부의 시어머니가 이용하던 단골 떡집에 의뢰하며, 이를 제기에 괴는 작업은 남성 제관이 담당한다. 제기에 본편인 콩시루떡 9단을 괴고, 마편 2단, 인절미·부편·송기송편(송구송편)·전·잡과편을 각 1단씩 쌓는다. 송기송편은 준비 과정이 번거로운 까닭에 떡집에서는 만들어 주지 않는다. 시어머니가 살아계실 때는 직접 장만했으나 작고하시고 나서 올리지 않게 되었다. 2023년 불천위 제례에서는 마침 소나무 껍질을 채취할 기회가 생겨서 송기송편을 준비했다고 한다.

우모린羽毛鱗의 원칙은 3탕에도 적용된다. 즉 어탕·육탕·계탕을 준비하는데, 어탕은 상어를 사용하고 육탕은 쇠고기, 계탕은 닭고기를 사용한다. 채소는 2기를 올리며, 시금치를 담은 청채와

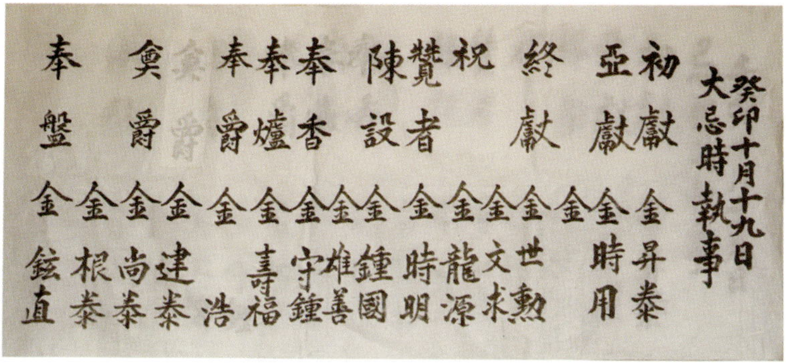

2023년 분정기(한국국학진흥원 제공)

도라지·고사리·콩나물 등을 함께 담은 숙채를 사용한다. 숙채를 담을 때는 3종의 나물을 구분해서 담은 뒤 네모나게 썬 삶은 무 2조각을 어슷하게 올리는데, 명확한 이유는 알 수 없고 집안의 전통으로 내려온 방식이라고 한다.

2) 설소과와 출주, 조상을 모셔 오다

출주축·축문·분정기 작성이 끝나면 제청(사랑대청)의 왼쪽 벽면에 분정기를 걸어 두고, 제물을 진설하기 시작한다. 진설은 2차례에 걸쳐 진행하며, 1차 진설을 '설소과設蔬果'라고 한다. 설소과는 식어도 크게 상관없는 음식을 올리는 절차로 채소와 과일 등을 주로 진설하는데, 운천종가에서는 포와 과일을 올린다. 과일은 대추·밤·배·감을 기본으로 진설하고 그 외의 과일은 잡과라

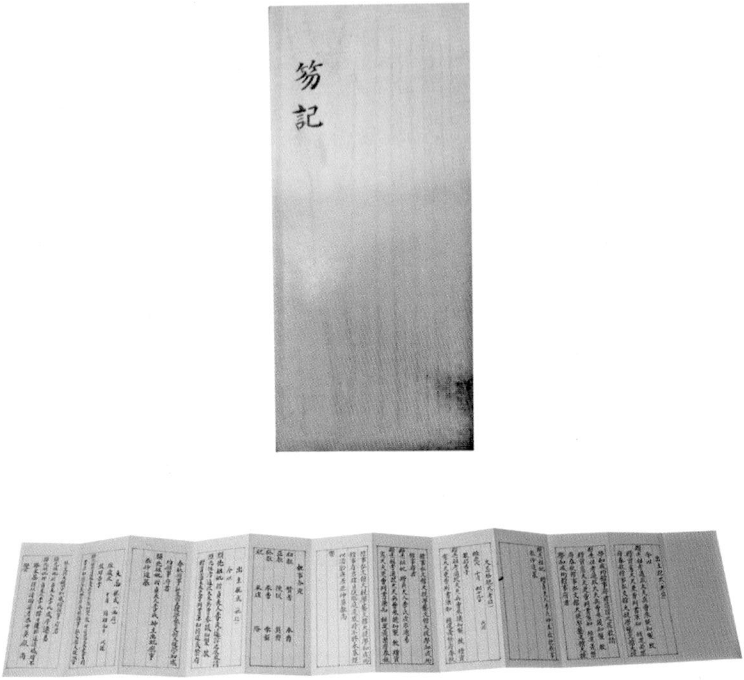

홀기

고 해서 사과·수박·유과 등을 추가하기도 한다. 2023년의 불천위 제례 때는 사과와 유과를 올렸다. 과일은 조율이시의 진설 원칙에 따라 서쪽을 기준으로 대추·밤·배·감을 차린 뒤 나머지 과일이나 조과를 진설하는 것이 일반적이지만, 운천종가에서는 대추와 밤을 서쪽 끝에 두고 배와 감은 동쪽 끝에 차린 뒤 가운데 부분에 그 외의 과일과 유과를 진설하는데, 대추–밤–유과–사과–배–감의 순서이다.

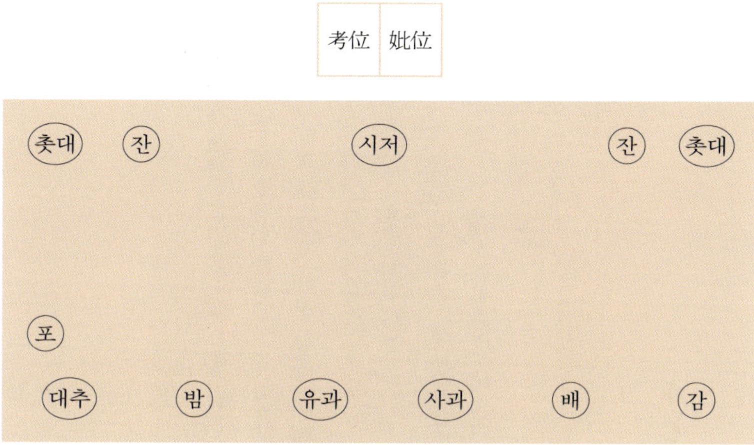

운천종가의 설소과 진설도

설소과(한국국학진흥원 제공)

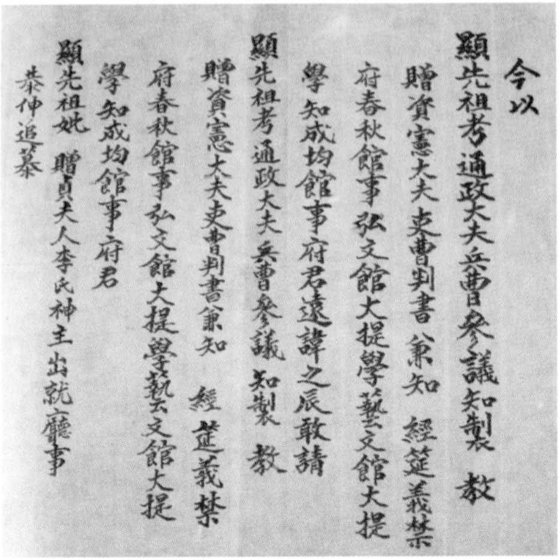

今以
顯先祖考通政大夫兵曹參議知製 教
贈資憲大夫吏曹判書兼知 經筵義禁
府春秋館事弘文館大提學藝文館大提
學知成均館事府君遠諱之辰敢請
顯先祖考通政大夫兵曹參議知製 教
贈資憲大夫吏曹判書兼知 經筵義禁
府春秋館事弘文館大提學藝文館大提
學知成均館事府君
顯先祖妣 贈貞夫人李氏神主出就廳事
恭伸追慕

출주 축문

설소과 절차를 마치면 찬자의 홀기에 따라 사당의 신주를 제청(사랑대청)으로 모셔 오는 출주의 절차를 거행한다. 초헌관과 축관·봉향·봉로 등이 사랑채 북동쪽에 자리한 사당으로 향하고, 찬자는 사랑채 툇마루에 서서 홀기를 낭독하면서 지시한다. 사당에 도착한 제관들은 신주를 향해 두 번 절한 뒤 안으로 들어가는데, 사당의 감실에는 이서위상以西爲上의 원칙에 따라 서쪽을 기준으로 불천위 신주 및 종손의 4대조 신주가 안치되어 있다. 초헌관은 가장 서쪽의 불천위 신주 앞으로 가서 무릎을 꿇고 분향을 한다. 그런 다음 축관이 초헌관의 좌측에 동향으로 꿇어앉아 출주를 위한 축문을 낭독한다.

출주 고유(한국국학진흥원 제공) ▲

출주(한국국학진흥원 제공) ▼

○ 출주축

今以

顯先祖考通政大夫兵曹參議知製教

贈資憲大夫吏曹判書兼知經筵義禁府

春秋館事弘文館大提學藝文館大提學

知成均館事府君遠諱之辰敢請

顯先祖考通政大夫兵曹參議知製教

贈資憲大夫吏曹判書兼知經筵義禁府

春秋館事弘文館大提學藝文館大提學

知成均館事府君

顯先祖妣贈貞夫人李氏神主出就廳事

恭伸追慕

축문에는 기일을 맞아 제사를 거행하기 위해 불천위 운천 김용과 정부인 이씨의 신주를 정침으로 모신다는 내용이 담겨 있다. 출주 고사가 끝나면 재배를 한 뒤 초헌관이 신주함을 모시고 나오는데, 이때 봉향이 앞장서고 봉로–초헌관–축관이 뒤를 이어 제청으로 돌아온다.

신주 안치(한국국학진흥원 제공) ▲

불천위 신주(한국국학진흥원 제공) ▼

▲ 참신(한국국학진흥원 제공)

▼ 분향(한국국학진흥원 제공)

뇌주(한국국학진흥원 제공)

3) 참신과 강신, 조상을 맞이하다

신주를 제사상에 모시면 제관들이 두 번 절하는 참신參神의 절차를 거행한다. 이어 초헌관이 향안 앞으로 가서 무릎을 꿇고 세 차례 향을 피운다. 그런 다음 왼쪽의 집사자가 고위 앞의 잔을 받들어 초헌관에게 건네고, 오른쪽의 집사자가 잔을 채우면 초헌관은 술을 받아 모사기에 세 번에 나눠서 비우는데, 이를 뇌주酹酒라고 한다. 왼쪽의 집사자는 빈 술잔을 받아 신주 앞에 올린다. 분향과 뇌주는 조상신을 모셔 오는 강신降神의 절차로, 향을 피우고 술을 땅에 부음으로써 하늘에 계신 조상의 혼魂과 지하

메 / 갱 / 면 / 3탕 / 간장

考位	妣位

촛대 메 잔 갱 시저 메 잔 갱 촛대

면 어탕 계탕 육탕 편

도적 편묵

포 청채 장 숙채 식해 침채

대추 밤 유과 사과 배 감

운천종가의 진설도

진찬(한국국학진흥원 제공) ▲

진설 완료(한국국학진흥원 제공) ▼

에 머무는 백魄을 불러오는 행위이다. 그런 다음 초헌관은 두 번 절하고 원래의 자리로 돌아간다.

강신의 절차가 끝나면 2차 진설인 진찬進饌의 절차가 진행된다. 여기서는 1차 진설 때 올리지 않은 나머지 음식을 올리는데, 1열에는 메와 갱, 2열에는 면과 3탕, 편을 차리고, 3열에는 도적과 편묵, 4열에는 왼쪽부터 포와 청채·장·나물·식해·침채를 진설한다.

4) 헌작, 술을 올리다

진찬의 절차가 끝나면 조상에게 술을 올리는 헌작의 절차가 거행되는데, 초헌과 아헌, 종헌의 순서로 술을 각각 드린다. 초헌관이 손을 씻고, 향안 앞에 꿇어앉는다. 왼쪽의 집사자가 고위 앞의 잔을 초헌관에게 건네주면 오른쪽의 집사자가 술을 따른다. 다시 왼쪽의 집사자가 술잔을 받아 본래 자리인 고위 앞 메와 갱 사이에 올린 뒤 비위에게도 똑같이 행한다. 헌작의 절차를 마치면 집사자는 메와 탕 등 제기의 뚜껑을 여는 계반개啓飯蓋의 절차를 수행한다. 그런 다음 축관은 초헌관의 왼쪽에 동향으로 꿇어앉아 축문을 낭독한다. 이때 초헌관과 제관들은 무릎을 꿇고 엎드리는 부복俯伏의 자세를 취한다.

초헌례(한국국학진흥원 제공) ▲

계반개(한국국학진흥원 제공) ▼

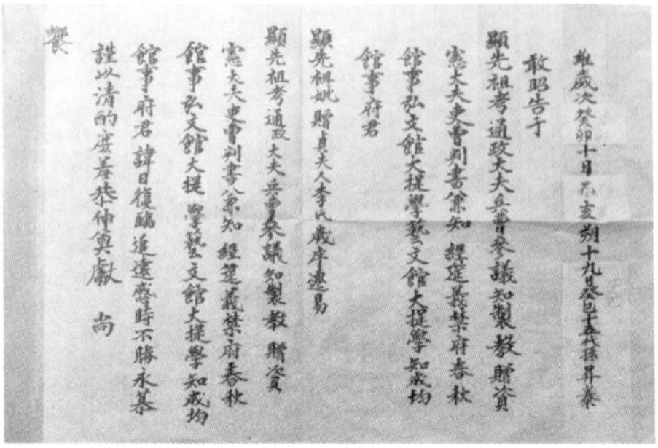

축문

○ 축문

維歲次癸卯十月乙亥朔十九日癸巳十五代孫昇泰

敢昭告于

顯先祖考通政大夫兵曹參議知製教

贈資憲大夫吏曹判書兼知經筵義禁府

春秋館事弘文館大提學藝文館大提學

知成均館事府君

顯先祖妣贈貞夫人李氏歲序遷易

顯先祖考通政大夫兵曹參議知製教

贈資憲大夫吏曹判書兼知經筵義禁府

春秋館事弘文館大提學藝文館大提學

知成均館事府君諱日復臨追遠感時不勝永慕

謹以清酌庶羞恭伸奠獻 尚

饗

독축(한국국학진흥원 제공)

축문에는 제사를 올리는 때의 연도와 일자, 제주의 성명을 기재하고, 조상이 돌아가신 날을 맞아 사모하는 마음을 이기지 못해 맑은 술과 여러 음식을 마련했다는 내용을 적는다. 축관의 낭독이 끝나면 제관들은 일어나고 초헌관은 절을 두 번 하고 자리로 물러난다.

다음으로 두 번째 잔을 드리는 아헌례의 절차를 행한다. 운천종가에서는 원래 종부가 아헌 역할을 맡아왔으나 2~3년 전부터 현 종부가 몸이 불편해서 지손들이 대신하고 있다. 아헌관이 손을 씻은 뒤 향안 앞에 꿇어앉으면 왼쪽의 집사자가 고위 앞의

▲ 아헌례(한국국학진흥원 제공)

▼ 종헌례(한국국학진흥원 제공)

도적 / 편묵 / 편 / 청채 / 숙채 / 식해 / 침채

잔을 퇴주 그릇에 비우고 아헌관에게 건네고 오른쪽의 집사자가 술을 따른다. 아헌관이 술잔을 왼쪽의 집사자에게 건네면 집사자는 잔을 받아 고위 앞에 올린다. 비위도 똑같이 행한다. 이어 아헌관이 두 번 절하고 물러나면 종헌례를 거행한다. 종헌관은 2명을 선정한다. 종헌관 2명이 향안 앞으로 와서 술을 올리는데, 이때는 술잔에 술을 가득 받은 다음 퇴주 그릇에 조금 따르고 나서 올린다. 고위와 비위 앞에 잔이 모두 올라가면 2명의 종헌관은 두 번 절하고 물러간다.

5) 유식례, 음식을 대접하다

헌작의 절차에 이어 유식례侑食禮가 행해진다. 조상에게 술을 더 권한 뒤 음식을 대접하는 절차이다. 초헌관이 향안 앞으로 가서 꿇어앉으면 왼쪽의 집사자가 밥뚜껑을 건네준다. 오른쪽의 집

▲ 첨작(한국국학진흥원 제공)

▼ 삽시정저(한국국학진흥원 제공)

유식례 – 부복(한국국학진흥원 제공)

사자는 밥뚜껑에 술을 따르고, 왼쪽의 집사자가 술잔을 받아서 약간 비워진 고위의 잔에 붓는다. 비위의 잔도 같은 방식으로 채우는데, 이 절차를 첨작添酌이라고 한다. 그리고 초헌관이 두 번 절하고 숟가락을 밥(메)에 꽂고 젓가락을 가지런히 정돈하는 삽시정저插匙正箸의 절차를 행한다. 그러고는 조상이 편히 드실 수 있도록 병풍으로 제사상을 가린 후 모든 제관이 무릎을 꿇고 엎드리는 부복俯伏의 자세를 취한다. 잠시 후 축관이 헛기침을 세 번 하면 일어나서 병풍을 걷어내는데, 대략 일식구경一食九頃 곧 숟가락을 아홉 번 뜨는 시간이다.

점다(한국국학진흥원 제공)

6) 사신례, 조상을 떠나보내다

유식의 절차가 끝나면 숭늉을 올리는데, 이때 국그릇의 국을 비우고 맑은 물을 채워서 다시 올린다. 원래 『주자가례』에서는 식사 후 차를 올린다고 해서 헌다獻茶(혹은 진다進茶)라고 했으나 차 문화가 발달하지 않은 우리나라에서는 숭늉(물)으로 대체되었다. 그러고는 물에 밥을 세 숟가락 말아서 더 드시기를 권하는데, 이를 점다點茶라고 한다. 그동안 제관들은 상체를 구부리는 국궁鞠躬의 자세로 기다린다. 그런 다음 절을 두 번 하고 조상을 사당으로 다시 모신다.

헌다례 – 국궁(한국국학진흥원 제공) ▲

합반개(한국국학진흥원 제공) ▼

▲ 사신재배(한국국학진흥원 제공)

▼ 합독(한국국학진흥원 제공)

음복례(한국국학진흥원 제공)

7) 음복, 조상이 내린 복을 받다

신주를 사당으로 모시고 나면 제사상에서 제물을 거둬들이는 철상撤床의 절차를 진행한다. 그 후 제관들은 큰사랑방에 모여 제주祭酒를 나눠 마시는데, 이른바 음복飮福의 절차이다. 원래 음복에는 초헌관·아헌관·종헌관·축관·찬자 등 소임을 담당한 제관들이 참여하는 것이 원칙인데, 최근에는 음복과 식사를 함께 진행하는 탓에 엄격한 구분이 점점 사라지는 추세이다. 이때 부엌에서는 제관들에게 제공할 비빔밥을 준비하는데, 운천종가에서는 음복상에 복주와 탕에 이어 비빔밥과 갱을 차리고, 떡과 과일

▲ 음복 준비(한국국학진흥원 제공)

▼ 음복(한국국학진흥원 제공)

음복상(한국국학진흥원 제공)

등은 귀가할 때 개별로 나눠 준다.

그리고 날음식인 도적류는 참석한 제관들이 집으로 가지고 갈 수 있도록 따로 준비한다. 예전에는 제사 이튿날 아침에 고령으로 인해 제사에 참석하지 못한 집안 어른들에게 집으로 일일이 음복을 전해 드리기도 했다.

제6장

종가의 현재와 미래

1 종손과 종부로서의 삶

운천종가는 귀봉 김수일과 운천 김용을 거쳐 현재 16대 종손 김승태金昇泰(1954–)에 이르고 있다. 현 종손 김승태는 15대 종손 김종원金鍾源(1903–1953)의 조카로, 출생과 동시에 양자로 들어와 종통을 계승했다. 생부는 김종원의 동생 김종해金鍾海(1923–1984)이며, 생모는 봉화금씨 금동길琴東吉(1925–2011)인데, 예안면 부포리 출신으로 성재종가(성재惺齋 금난수琴蘭秀)의 종녀이다. 봉화금씨는 1941년에 운천종가의 차남인 김종해와 혼인 후 종택에서 혼인생활을 시작했다. 당시 종택에는 시조모 재령이씨를 비롯해 시아버지인 14대 종손 김시응金時應(1887–1945)과 시어머니 평산신씨, 차종손 김종원과 차종부 진성이씨, 시동생과 시누이들이 함께 살고 있었다. 그런데 1945년에 시아버지 김시응이 별세하고, 같은 해 가을에는 맏동서인 차종부 진성이씨가 후손을 남기지 못한 채 숨을 거두었으며, 이듬해 1946년에는 시조모 재령이씨도 작고한다. 이런 이유로 김종해와 금동길 내외는 분가를 포기하고 종택에 남아 시어머니 평산신씨를 모시고 살았는데, 1953년에 종손 김종원마저 세상을 뜨면서 실질적인 종손과 종부 역할을 맡게 되었다.

현 종손 김승태는 1954년 운천종택에서 태어났다. 그가 출생했을 때 백부 김종원과 백모 진성이씨가 작고한 상태였기에 출생과 동시에 양자로 들어가 종계宗系를 잇게 된다. 그러다 보니 생부 김종해와 생모 봉화금씨는 어린 아들(김승태)을 대신해 실질적인 종손과 종부 역할을 수행했다. 특히 봉화금씨는 종부가 부재한 종가의 안살림을 관리하고, 불천위 제례를 비롯해 종가의 4대 봉사 등을 헌신적으로 받들어 왔다.

내가 큰집으로 양자 와서 종손이 되었는데, 맏아버지(백부)·맏어머니(백모) 두 분 모두 이미 돌아가신 뒤라 아예 뵙지를 못했어요. 그러다 보니 생가 부모님이 실질적인 종손, 종부 역할을 하셨어요. 내가 어렸을 때 아버지(생부)는 엄하고 말씀이 없으셔서 두렵고 가까이 다가서기 힘든 분이셨지요. 아버지는 말을 앞세우기보다 몸소 바르게 살아가는 모습을 보여 주셨어요. 어머니(생모)는 봉화금씨 성성재惺惺齋 종가에서 오셨어요. 아버지마저 내가 학업을 마치기 전에 돌아가셨으니, 어머니의 삶은 오직 아들을 위한 것이었다고 해도 과언이 아닙니다. 한마디로 어머니는 종가의 대를 이어 가고, 종손인 아들을 보살피고 뒷바라지하는 것을 최고의 의무로 생각하고 헌신하셨던 분입니다. 며느리 또한 지극히 아끼고 사랑하셨지만, 어쩌면 그

것마저도 바탕에는 종가와 아들을 위하는 마음이었다고 하는 것이 맞을지도 모르지요. 우리 어머니는 어렵고 힘든 일에도 숙명적으로 "내가 해야 할 일이다."라면서 종부의 빈자리를 메우는 일에 온 힘을 쏟으셨어요. 그렇게 하는 것이 아들의 짐을 덜어 주고 길을 닦아 주는 것이라고 생각하셨던 것 같아요. 종손의 짐을 짊어지고 가야 할 아들에 대한 애틋함이랄까 그런 게 있지 않았나 생각해요.

이처럼 생부 김종해는 비록 종손은 아니었으나 당시의 불가피한 상황으로 인해 실질적인 종손 역할을 수행하게 되었는데, 아들에게도 종손으로서의 역할을 강요하기보다 자신이 솔선수범하는 모습을 보여 줌으로써 스스로 깨닫고 터득하도록 했다. 현 종손 또한 항상 바른길을 가고자 애쓰는 아버지의 모습을 보면서 삶의 방향이나 종손으로서의 책무 등을 익혀 갔다.

특히 생부는 자손이 귀한 집안에서 태어난 아들이 버릇없이 성장하게 될 것을 염려해서 일찍이 큰 세상으로 나가서 견문을 넓히기를 원했는데, 이런 이유로 현 종손은 초등학교 4학년을 마칠 무렵 서울로 가게 된다.

서울 간 게 한마디로 말하면 우리 아버지가 강제로 보낸 셈이지요. 아버지가 넓은 데로 가서 공부해야 한다고 해서 가게 되었어요. 제도나 틀에 갇혀 살지 말고 넓은 세상에서 안목을 키우라는 뜻이었던 것 같아요. 그리고 내가 아들 귀한 집에서 태어났잖아요. 그러니까 할머니나 어머니가 얼마나 애지중지했겠어요? 그러다 보면 치마폭에 싸여서 자라게 되니까, 아버지가 그런 상황에서 벗어나게 하려고 서울로 보내셨던 것 같아요.

종손과 종부(김승태 제공)

서울에서의 생활은 어린 김승태에게는 다소 버거웠다. 아직 부모의 보살핌이 필요한 나이에 홀로 객지 생활을 감당하기에는 이런저런 시련이 적지 않았다. 아무튼 처음 상경했을 때는 작은아버지 댁에서 생활하다가 작은집의 이사로 인해 이모 댁으로 가서 학업을 마쳤다.

현 종손은 대학에서 임학林學을 전공한 후 효성그룹(대성목재)에서 직장생활을 시작하면서 현 종부 이해숙李海淑(1956-)을 만났다. 현 종부는 성산이씨로 성주 한개마을 출신이다. 2남 3녀 중 막내딸로 태어나 대학을 졸업하고, 교사로 재직하던 중 의성 사촌으로 출가한 고종사촌 언니의 중매로 현 종손을 만나게 되었다. 오랜 기간 편지를 주고받으며 서로에 대한 마음을 쌓아 오다가 결혼을 결심하게 되었다고 한다. 당시 현 종부의 큰언니 이정숙李丁淑(1947–)은 상주의 수암종가(수암 류진)의 종부로 출가한 상황이었다. 그러다 보니 마냥 어리기만 한 막냇동생이 불천위 종가의 큰살림을 꾸려 나갈 생각에 걱정이 많았다고 한다.

우리 아버지와 어머니는 딸을 종부로 보내는 것을 자랑스러워하셨어요. 그래서 언니도 상주 수암종가의 종부가 되었지요. 그런데 막상 그 언니는 제가 종가로 가는 것을 말렸어요. 본인이 종가로 시집가서 살아 보니 종부라는 자리가 힘들고 어려운데 굳이 왜 그 길을 가려고 하느냐는 것이었지요. 게다가 이 집이 아버님도 안 계시고, 그렇다고 재산이 넉넉한 것도 아니고, 그런 집에 가면 고생할 것이 불 보듯 훤히 보인다고 했어요. 그래서 저도 마음이 크게 내키지 않았는데, 그런데 저의 운명이었는지, 서로 편지를 주고받으면서 저도 모르게 마음이 끌려 이 집으로 오게 되었네요.

이해숙은 5남매 중 막내딸로 귀여움을 독차지하면서 자란 탓에 불천위 종가의 종부라는 역할이 부담스럽기도 했을 텐데, '내가 잘하면 되겠지.'라는 마음을 먹고 결혼을 결심했다. 실제로 결혼하고 나니 시어머니 봉화금씨가 세심하게 챙겨 주면서 가르침을 준 덕분에 큰 어려움 없이 헤쳐 나갈 수 있었다고 한다.

그때는 내가 철도 들지 않았고 … 친정에서 막내거든요. 그때야 '뭐 닥치면 하면 되겠지.'라는 생각이었고 … 그런데 결혼하고 보니까 시어머니가 정말 좋으신 분이셨어요. 어머니는 제가 며느리이지만 딸보다 더 아껴 주셨어요. 한번은 제가 남편을 두고 짧지 않은 해외여행을 가게 되었는데, 대개 그럴 때는 시어머니들이 달갑게 생각하지 않잖아요. 그런데도 제가 여행을 다녀온 다음에 당신의 아들에게 "에미가 없어 보니 이제 귀한 줄 알겠지?"라고 말씀하시더라고요. 그땐 정말 마음이 뭉클했어요.

시어머니 봉화금씨는 1946년에 작고한 15대 종부 진성이씨를 대신해서 실질적인 집안 살림을 이끌어 왔음에도 불구하고 절대 밖으로 드러내지 않고 뒤로 물러서는 겸손한 삶을 살았다. 현 종손 내외가 결혼식을 하고 현 종부가 시부모에게 폐백을 드릴 때의 일이었다. 현 종부는 시어머니에게 절을 하려고 했으나 봉화금씨는 불천위 제례를 모실 종부에게서 앉아서 절을 받을 수 없다고 하면서 서서 받으셨다고 한다. 그는 시어머니의 이런 모습을 통해 종부로서의 자질을 자연스럽게 익혀 나갔다고 한다.

그때는 폐백을 예식장에서 하지 않고 여기 시댁에 와서 하는데, 시부모님한테 절을 두 번 올리잖아요. 그런데 사람들이 어머니께 절 받으라고 자리에 앉으라고 하는데, 우리 어머니가 안 앉아요. 어머니 하시는 말씀이 "불천위를 받들 종부한테 내가 어찌 앉아서 절을 받겠나."라면서 한 번은 선 채로 받고 그다음에 앉아서 받았어요.

초등학교 4학년 때 서울로 가서 학업을 마친 뒤 직장생활을 해오던 현 종손 김승태도 어느덧 칠순의 나이가 되었다. 지금으로선 서울 생활을 완전히 정리할 수는 없지만, 최대한 종택에 내려와서 시간을 보내려고 노력하고 있다. 그래서 몸담고 있

▲ 사위들의 참배례(김승태 제공)

▼ 차종손 내외의 우귀례(김승태 제공)

던 대한목재협회의 임원직에서도 물러났다. 이러한 결심은 순천김씨 김영석金泳錫과 동래정씨 정광호鄭侊昊를 사위로 맞은 데 이어서, 2022년에 차종손 김준표金俊杓(1987–)가 동래정씨 정다영鄭茶榮(1992–)과 결혼을 하면서 더욱 강해졌다. 즉 종가의 생명력이 차종손을 거쳐 손자로 지속될 수 있도록 하기 위함이다. 현 종손에게 운천종가는 태어나서 자란 곳이고, 차종손에게는 어린 시절 방학만 되면 부모님 손에 이끌려 할머니를 만나러 온 곳이다. 이처럼 종가에 대한 깊은 추억과 애착은 종가문화를 이끌어 갈 원동력이 될 것이기에, 미래의 손자 역시 종가에 대한 추억과 애정을 가지고 살아갈 수 있기를 원하기 때문이라고 한다.

2 종가문화의 계승에 대한 고뇌

현 종손 김승태는 5년 전까지만 해도 불천위 제사를 자정에 모셨기 때문에 준비와 행사 뒷정리 등을 위해 서울과 안동을 왕래하는 데에 3일 정도의 시간을 할애해야만 했다. 바쁜 직장생활을 하면서 제사 때문에 3일을 소요해야 한다는 것을 주변 사람들에게 설명하기도 이해시키기도 쉽지 않았다. 그러면서 현 종손 역시 종가문화 계승에 대한 회의감이 들 때도 적지 않았다.

직장생활을 할 때 불천위 제사를 모시기 위해서는 주위에 이해를 구해야 하는데 그게 쉽지는 않았어요. 특히 10월 들어서면서 시제(묘제)와 비위제사와 고위제사 등 행사가 연이어 몇 번이나 있으니까요. 지금과 달리 하루 휴

가도 쉽지 않던 시절에 매번 서울서 안동을 오르내리며, 때마다 적어도 사흘씩은 빠져야 했으니 음력 시월은 결근하는 날이 반이었다 해도 과언이 아닐 정도였지요. 지금이야 퇴직을 했지만, 돌이켜보니 정말 꿈만 같습니다. 그런데 시대가 바뀌고 아랫세대로 내려갈수록 의식도 달라지는데, 과연 우리 아들이 그때의 나 같은 상황이 되면 어떻게 해 나가려나 하는 걱정이 없지는 않아요. 그런데 '지손支孫 없는 종가는 없다'는 말이 있듯이, 저는 종가의 의무이자 가치의 첫 번째가 문중 구심점으로서의 역할이라고 생각해요. 그렇기에 각자가 '보종補宗이라는 것이 종가를 위한다기보다 궁극적으로는 내가 속한 문중을 위하는 것이고 그것은 나를 위하는 것'이라는 점을 인식해서 종가의 상징성이 있는 행사들도 시대의 변화에 걸맞은 방식으로 이어 가도록 문중 성원들의 참여가 절실하다고 생각합니다.

'봉제사접빈객'은 종가의 주요 책무이다. 그런데 조상 제사를 받들고, 손님을 접대하는 일은 종손과 종부만이 아니라 종가와 문중에 연결된 자손 모두가 책임져야 할 공동의 의무다. 현 종손 역시 종가의 영속성을 확보하기 위해서는 종손과 종부의 개인적 희생을 요구하기보다는 문중, 즉 자손 전체가 지혜를 모아 극복할 필요가 있다고 생각하는 것이다. 이와 관련해 여타 종가에서도 종손과 종부가 생업 활동을 위해 종택을 비우고 객지 생활을 하는 경우가 적지 않다. 이런 경우 종택에서 손님을 맞이하는 전통적 접빈문화는 현실적으로 수행할 수 없게 된다. 이에 현 종손은 불천위 제례야말로 종가문화를 유지해 나가기 위한 대표적인 행사라는 생각을 하고 있다. 그러는 반면 제례문화 역시 전통적 원형만을 고집한다면 생명력을 담보받을 수 없을 것이라고 지적하기도 한다.

현 종손은 제례문화만이 아니라 종택을 원형 그대로 보존하는 것에도 문제가 적지 않다고 강조한다. 즉 원형 보존만을 강요하기보다는 현실적으로 계승하기 위한 합리적 방안을 모색할 필요가 있다는 생각이다. 종택은 박제된 건축 박물관이 아니라 종손과 종부가 일상생활을 영위하는 공간이므로 현실적 타협점을 찾아야 한다는 뜻으로 해석된다. 이를 위해 원형은 최대한 보존하되 종손과 종부가 생활할 수 있는 별도의 공간을 제도적으로 마련해 주는 등의 방안을 고민해야 할 것이다.

이와 더불어 종가문화를 안정적으로 지속하기 위해서는 '변화'의 필요성을 지적하기도 한다. 이에 따라 장차 종가문화를 계승할 차종손에게도 '종가문화를 이렇게 지켜야 한다' 혹은 '불천위 제사는 이렇게 모셔야 한다'고 강요한다면 오히려 반감만 일으킬 수 있다는 것이다. 그러므로 종가문화를 보존하기 위해서는 의무와 책임을 강조하기보다는 거기에 깃든 의미와 가치를 설명하는 것이 자신의 역할이라고 덧붙였다.

내가 아들과 며느리에게 "너희 때도 큰제사는 꼭 지내야만 한다."라고 전통의 계승을 강요한다면, 단순히 형식을 이어 간다는 면에서는 다소 도움이 될지도 모르지요. 하지만 그렇게 억지로 이어지는 전통이 지속 기간에서나 의미 부여에서나 얼마나 갈 수 있겠어요? 그러니까 "살아가다 보면 종손과 종부의 역할이 한편으론 의미 있는 일이기도 하고, 또 때로는 개인적으로 삶의 보람으로 작용하는 면이 있다. 그래서 그 자리를 너무 무겁게 생각할 필요도 없지만, 낡고 진부해서 가치 없는 것이라고 치부하여 미리 거부감을 갖지는 않길 바란다."라는 식으로 종손의 역할에 대한 긍정적인 면을 주입하려고 노력하고 있지요. 그렇지만 무엇보다도 세상이 변하고 그 와중에 문중이나 그 구성원이나 모두 변하고 있습니다. 즉 종가의 구성원만 변하지 않기를 요구해서는 안 된다는 말이지요. 그렇다면 그 변화를 인정하면서 전통을 이어 갈 방법이 무엇이겠습니까? 나는 문중과 그 구성원들이 어떠한 방식으로든 짐을 덜어 줘야 한다고 생각합니다.

현 종부 성산이씨 역시 마찬가지다. 현 종부는 불천위 종가의 종부로서 큰 어려움 없이 역할을 수행할 수 있었던 데는 시어머니 봉화금씨의 도움이 컸다고 한다. 제사 때마다 시어머니는 무언가를 요구하기보다는 당신이 몸소 하는 걸 보여 주면서 며느리가 자연스럽게 터득하도록 하셨다. 그러한 시어머니와 마찬가지로 현 종부 또한 차종부에게 종부로서의 역할을 강요하거나 조급하게 가르치려고 하지 않겠다고 한다.

우리 며느리 세대는 우리 세대하고 달라서 생기발랄한 면이 많잖아요. 또 받은 교육도 달라서 전통문화나 종가문화에 대한 이해도가 그리 높지 않고요. 그런 며느리에게 강압적으로 '이렇게 하라', '저렇게 하라'고 한다면 며느리는 부담만 가지고 거부감이 들 수도 있지 않겠어요? 그래서 저는 뭔가를 굳이 가르치기보다는 '묻는다'라고 하나요? 서서히 자연스럽게 배우고 익히도록 기다릴 생각이에요. 그렇게 하다 보면 저절로 적응해 가겠지요.

현 종부는 종가문화에 익숙하지 않은 차종부에게 서둘러 무언가를 가르치기보다는 조금씩 경험하게 함으로써 자연스럽게 '물들게' 하겠다는 생각이다. 또 "우리 어머님이 저한테 하셨듯이 의무와 책임을 무작정 요구하지 않고 스스로 터득할 때까지 천천히 기다려 줄 생각"이라고 덧붙였다. 이로써 운천종가의 앞날이 밝고 활기차게 펼쳐질 것으로 기대된다.

참고문헌

『永嘉誌』

『義城金氏龜峯公派譜』

김용 지음, 김상환 옮김, 『운천호종일기』, 한국국학진흥원, 2022.

김용 지음, 김승균 옮김, 『운천선생문집』 Ⅰ·Ⅱ, 한국국학진흥원, 2020.

김용 지음, 장성덕 옮김, 『운천선생문집 속집』, 한국국학진흥원, 2022.

의성김씨 천상문화보존회, 『내앞 500년 –문호형성에서 독립운동까지–』, 청계선생탄신5백주년기념논문집간행위원회, 2000.

의성김씨 천상문화보존회, 『청계선생 6부자전』, 청계선생탄신5백주년기념회, 2000.

의성김씨 천상문화보존회, 『연방세고』, 연방세고간행위원회, 2001.

한국국학진흥원, 『의성김씨 운천종택』(한국국학진흥원 소장 국학자료목록집 79), 한국국학진흥원, 2022.

김덕현, 「유교적 가거지 '내앞' 경관 독해」, 『문화역사지리』 15–1, 한국문화역사지리학회, 2003.

김미영, 「16세기 영남 선비일기를 통해 본 가족결속양상 –『운암일기』를 중심으로–」, 『국학연구』 52, 한국국학진흥원, 2023.

김미영, 「동성마을 유교문화경관에 대한 인식과 범주화 –안동 내앞마을의 사례를 중심으로–」, 『비교민속학』 76, 비교민속학회, 2022.

김미영, 『학봉 김성일, 충군애민의 삶을 살다』, 예문서원, 2016.

김시박, 『만포 김시박 전집』 Ⅰ～Ⅲ, 경인문화사, 2012.

김학수, 「조선시대 사대부 가풍의 계승 양상 연구 –의성김씨 학봉가문을 중심으로–」, 『국학연구』 31, 한국국학진흥원, 2016.

문옥표 외,『조선양반의 생활세계 −의성김씨 천전파 고문서 자료를 중심으로−』, 백산서당, 2004.

오수경,「청계 김진의 선비의식과 서당교육」,『퇴계학』 7−1, 안동대학교퇴계학연구소, 1995.

지은이

김미영 金美榮

안동대학교 민속학과를 졸업하고 인하대학교 대학원 국어국문학과에서 문학석사학위를 취득하고 일본 도요대학교 사회학연구과에서 박사학위를 받았다. 현재 한국국학진흥원 수석연구위원으로 재직 중이다. 저서로는『가례의 수용과 조선사대부의 집안 다스리기』,『유교공동체와 의례문화』,『유교의례의 전통과 상징』,『도학의 길을 걷다, 안동 유일재 김언기 종가』,『학봉 김성일, 충군애민의 삶을 살다』,『숭정처사의 삶을 살다, 봉화 팔오헌 김성구 종가』 등이 있고, 논문으로는「제례음식의 규범과 토착화」,「유교이념의 실천도구로서 음식」 등 다수가 있다.

경북의 종가문화 74

귀봉종가,
의리를 지키고 도리를 받들다,

안동 운천 김용 종가

찍은 날 2024년 4월 15일
펴낸 날 2024년 4월 22일

기획 경상북도·경북대학교 영남문화연구원
지은이 김미영
펴낸이 홍원화
펴낸 곳 경북대학교출판부
출판등록 1973년 10월 10일 ㉣97호
주소 대구광역시 북구 대학로 80
전화 053-950-3830
팩스 053-953-4692
이메일 press@knu.ac.kr
홈페이지 http://knupress.com

ISBN 978-89-7180-640-1 94900
978-89-7180-638-8 (세트)

정가는 뒤표지에 있습니다. 파본은 바꾸어 드립니다.